2020—2021年中国工业和信息化发展系列蓝皮书

2020—2021年
中国消费品工业发展蓝皮书

中国电子信息产业发展研究院　编　著

刘文强　主　编

李博洋　代晓霞　副主编

电子工业出版社
Publishing House of Electronics Industry
北京·BEIJING

内 容 简 介

本书基于全球化视角,从 2020 年全球及我国消费品工业整体发展态势入手,详细介绍了我国消费品工业重点行业、典型地区、代表性企业的发展状况,梳理并剖析了国家相关政策对消费品工业发展的影响,预判了 2021 年我国消费品工业及其细分行业的发展走势。全书分为综合篇、行业篇、区域篇、"三品"战略篇、企业篇、政策篇、热点篇和展望篇八个部分。

本书可为政府部门、相关企业及从事相关政策制定、管理决策和咨询研究的人员提供参考,也可供高等院校相关专业师生及对消费品工业感兴趣的读者学习和借鉴。

未经许可,不得以任何方式复制或抄袭本书之部分或全部内容。
版权所有,侵权必究。

图书在版编目(CIP)数据

2020—2021 年中国消费品工业发展蓝皮书 / 中国电子信息产业发展研究院编著;刘文强主编. —北京:电子工业出版社,2021.12
(2020—2021 年中国工业和信息化发展系列蓝皮书)
ISBN 978-7-121-24892-4

Ⅰ. ①2… Ⅱ. ①中… ②刘… Ⅲ. ①消费品工业－工业发展－研究报告－中国－2020-2021 Ⅳ. ①F426.8

中国版本图书馆 CIP 数据核字(2021)第 236750 号

责任编辑:雷洪勤　　文字编辑:王天一
印　　刷:中煤(北京)印务有限公司
装　　订:中煤(北京)印务有限公司
出版发行:电子工业出版社
　　　　　北京市海淀区万寿路 173 信箱　　邮编:100036
开　　本:720×1 000　1/16　印张:10.75　字数:240.8 千字　彩插:1
版　　次:2021 年 12 月第 1 版
印　　次:2021 年 12 月第 1 次印刷
定　　价:218.00 元

凡所购买电子工业出版社图书有缺损问题,请向购买书店调换。若书店售缺,请与本社发行部联系,联系及邮购电话:(010) 88254888,88258888。
质量投诉请发邮件至 zlts@phei.com.cn,盗版侵权举报请发邮件至 dbqq@phei.com.cn。
本书咨询联系方式:(010) 88254151,wangtianyi@phei.com.cn。

前 言

消费品工业是国民经济和社会发展的基础性、民生性、支柱性和战略性产业，涵盖了轻工、纺织、食品和医药等工业门类。改革开放 40 多年来，我国消费品工业稳步、快速发展，规模持续壮大，结构不断变化，技术装备水平稳步提高，已经建立了较为完善的产业体系，国际化程度日趋加深，成长为世界消费品制造和采购中心，对国内外消费需求的保障和引领作用进一步增强。

2020 年是决胜全面建成小康社会和"十三五"规划收官之年，是深入实施"三品"战略的第五年，还是全球抗击新冠肺炎疫情的特殊一年。受新冠肺炎疫情冲击、内外需疲软和行业结构调整等多重因素影响，我国消费品工业生产、出口、投资和消费增速均大幅低于上年同期水平。

进入 2021 年，我国消费品工业发展面临的形势更加复杂。国际方面，受主要经济体疫情持续蔓延的影响，贸易和部分供应链格局面临重塑，消费需求普遍疲软，出口形势不容乐观；国内方面，国家财政扶持政策更加细化，特别是针对中小企业，促进消费的系列举措层出不穷。

为全面把握过去一年我国消费品工业的发展态势，总结评述消费品工业领域一系列重大问题，中国电子信息产业发展研究院消费品工业研究所在积极探索实践的基础上，继续组织编写了《2020—2021 年中国消费品工业发展

蓝皮书》。该书基于全球化视角，从2020年全球及我国消费品工业整体发展态势入手，详细介绍了我国消费品工业重点行业、典型地区和代表性企业的发展状况，梳理并剖析了国家相关政策对消费品工业发展的影响，预判了2021年我国消费品工业及其细分行业的发展走势。全书共分综合篇、行业篇、区域篇、"三品"战略篇、企业篇、政策篇、热点篇和展望篇八个部分。

综合篇。从整体、区域和国家重点行业三个层面分析了2020年全球消费品工业的发展情况，然后从发展现状、存在问题两个维度分析了2020年我国消费品工业的发展状况，剖析存在的问题，并提出相关对策建议。

行业篇。选取纺织、生物医药及高性能医疗器械、食品工业和电池储能四大行业，分析行业发展态势，剖析存在的突出问题。在发展态势方面，纺织、生物医药及高性能医疗器械和食品工业等行业重点从生产、效益以及重点产品或重点领域三个维度展开分析；电池储能行业重点从运行和重点领域发展趋势与展望两个维度进行分析。

区域篇。以典型省份为切入点，分析2020年我国东部、中部、西部三大区域消费品工业的发展情况，重点分析运行、出口、效益等指标的基本情况，并总结归纳各区域消费品工业的发展经验与启示。

"三品"战略篇。从"增品种、提品质、创品牌"三个维度入手，介绍典型城市"三品"战略的主要内容和成果，总结分析其成功经验。

企业篇。选取轻工、食品、医药等行业中发展较好，具有代表性的几家企业，就其发展历程、发展战略及发展启示进行了分析和整理。

政策篇。梳理总结了2020年我国消费品工业领域出台的重点政策，介绍了各行业政策的主要内容和发力点，分析了政策对行业未来发展的影响。

热点篇。选取医药、轻工和食品行业中对行业影响力大的热点事件进行分析，从事件背景、存在问题和主要启示三方面进行剖析，深入研究热点事件背后的行业发展趋势与动向。

展望篇。梳理了国内主要研究机构对2021年全球消费品工业发展形势的预判；同时从整体、重点行业两个方面对2021年我国消费品工业的发展态势进行预判。

2021年，我国消费品工业发展既面临困难与挑战，也不乏有利因素。为促进消费品工业平稳健康发展，必须全面贯彻党的十九大和十九届二中、三中、四中与五中全会精神，把握"稳中求进"总基调，立足新发展阶段，融入新发展格局，以供给侧结构性改革为主线，以深化"三品"专项行动为抓手，着力推进四个方面工作：一是扩大消费需求，释放内循环市场潜力；二是加快绿色转型，增强产业内生发展动力；三是稳定出口贸易，推动内外需协调发展；四是加大扶持力度，促进消费品中小企业健康发展。

《2020—2021年中国消费品工业发展蓝皮书》践行国内国际双循环扩内需、消费升级、绿色消费等理念，为我国消费品工业可持续发展提供了实践指导和研究支撑。本书的出版将有利于深化业界对消费品各领域的认识，有利于推动消费品工业向高质量、绿色化发展。由于消费品工业行业众多，国家间、行业间、地区间差异大，需要深入研究探讨和专题研究的问题很多，因此本书的疏漏和不足在所难免，希望读者不吝批评指正。

中国电子信息产业发展研究院消费品工业研究所

注：因为有些数据有滞后性，所以书中有些引用的分析数据是往年的数据。

目 录

综 合 篇

第一章 2020年全球消费品工业发展状况 ·················· 002
  第一节 产业发展整体态势 ·················· 002
  第二节 发达国家发展情况 ·················· 005
  第三节 新兴经济体及其他发展中国家发展情况 ·················· 008

第二章 2020年中国消费品工业发展状况 ·················· 010
  第一节 发展现状 ·················· 010
  第二节 存在问题 ·················· 014
  第三节 对策建议 ·················· 016

行 业 篇

第三章 纺织工业 ·················· 019
  第一节 发展情况 ·················· 019
  第二节 存在问题 ·················· 024

第四章 生物医药及高性能医疗器械行业 ·················· 026
  第一节 发展情况 ·················· 026
  第二节 存在问题 ·················· 030

第五章 食品工业 ·················· 032
  第一节 发展情况 ·················· 032
  第二节 存在问题 ·················· 041

第六章 电池储能行业	045
第一节 发展情况	045
第二节 存在问题	050

区 域 篇

第七章 东部地区	054
第一节 典型地区：浙江省	054
第二节 典型地区：福建省	056
第八章 中部地区	060
第一节 典型地区：安徽省	060
第二节 典型地区：江西省	062
第九章 西部地区	066
第一节 典型地区：重庆市	066
第二节 典型地区：西藏自治区	070

"三品"战略篇

第十章 典型地区"三品"战略研究	075
第一节 江苏省淮安市淮安区	075
第二节 浙江省湖州市吴兴区	079
第三节 福建省福州市长乐区	082
第四节 江西省宜春市奉新县	087
第五节 湖南省邵阳市邵东市	090
第六节 四川省宜宾市翠屏区	094
第七节 宁夏回族自治区吴忠市利通区	098
第八节 山东省青岛市莱西市	103

企 业 篇

第十一章 重点消费品企业研究	107
第一节 西王集团高质量发展之路	107
第二节 天能集团依托绿色设计提升产品绿色品质	110
第三节 九牧厨卫践行"三品"战略，引领泛家居行业智能化转型	113
第四节 君实生物：立足自主研发，助力创新崛起	116

目录

  第五节　新兴际华集团：创新成就"战疫"速度 ……………………… 119

政　策　篇

第十二章　2020年中国消费品工业重点政策解析 ……………… 125
  第一节　《关于以新业态新模式引领新型消费加快发展的意见》 ……… 125
  第二节　《关于进一步降低物流成本的实施意见》 ………………… 126
  第三节　《关于推进对外贸易创新发展的实施意见》 ……………… 128
  第四节　《关于切实解决老年人运用智能技术困难的实施方案》 …… 130
  第五节　《关于进一步促进服务型制造发展的指导意见》 ………… 131

热　点　篇

第十三章　2020年中国消费品工业热点事件解析 ……………… 135
  第一节　创新药入院难问题与建议 …………………………………… 135
  第二节　生物制造发展的挑战与机遇 ………………………………… 137
  第三节　食品行业进出口贸易依存问题及建议 ……………………… 140

展　望　篇

第十四章　主要研究机构预测性观点综述 ……………………… 143
  第一节　消费品 ………………………………………………………… 143
  第二节　医药 …………………………………………………………… 146
  第三节　食品 …………………………………………………………… 147
  第四节　纺织 …………………………………………………………… 150
  第五节　轻工 …………………………………………………………… 152

第十五章　2021年中国消费品工业发展走势展望 ……………… 155
  第一节　整体运行趋势 ………………………………………………… 155
  第二节　重点行业发展走势展望 ……………………………………… 156

后记 …………………………………………………………………… 160

综合篇

 第一章

2020年全球消费品工业发展状况

第一节 产业发展整体态势

一、全球概况

2020年,全球经历了新冠肺炎疫情引发的破坏性经济危机,是自2008年金融危机以来的首次大规模经济衰退,以往的挑战和不确定性(如贸易保护主义抬头、英国退欧等)相对影响较弱。2020年4季度,大多数经济体都出现了复苏的迹象,但复苏的强度参差不齐。消费品工业整体增长呈放缓甚至下降态势,各子行业发展分化程度较大。

从主要国家看,新兴经济体(EIE)及其他发展中国家消费品工业大部分子行业增速高于发达国家,重点依靠基本药物、木材加工(不含家具)和家具等行业。美国、欧盟、英国和日本等发达经济体均采取不同程度的财政政策促进消费和行业发展。

从具体行业来看,与新冠肺炎疫情防控相关的基本药物、纺织等行业受影响较小,基本药物产品领跑整个消费品工业。服装、皮革与鞋帽等行业受疫情影响最大。食品和饮料、烟草、木材加工、造纸、印刷与出版、家具以及其他制造业产出与上年同期相比均略有不同程度下降。

展望2021年,全球受新冠肺炎疫情影响,世界经济面临的压力可能在很大程度上取决于新冠肺炎疫情的控制、新冠病毒的突变和全球疫苗的分配。全球消费品工业整体表现将与整体制造业呈相同态势,基本药物、纺织(熔喷无纺布)、食品与饮料等与疫情防控息息相关的细分行业可能有一定增长空间,但整体消费品行业承受巨大压力仍不容忽视。

二、全球消费品工业发展整体态势

2020年全球制造业受新冠肺炎疫情影响，出现大幅下跌态势。如表1-1所示，2020年1—4季度整体制造业同比增速分别为-6.0%、-11.1%、-1.0%和2.4%。特别是2季度，全球制造业产出大幅下降11.1%，随后由于采取新冠肺炎疫情防控措施，4季度同比增长2.4%。在此背景下，消费品工业整体增长态势相较上年也出现大幅下降。

消费品各子行业呈现分化式发展，除与新冠肺炎疫情防控相关的基本药物、纺织等行业受影响较小以外，其他行业发展均受到较大影响。2020年1—4季度，消费品各子行业发展情况见表1-1，其中，基本药物行业发展态势最好，4个季度均保持正增长，增速分别为1.7%、1.3%、2.5%和3.2%，分别超过同期整体制造业同比增速7.7个、12.4个、3.5个和0.8个百分点。1—4季度，橡胶与塑料行业和纺织行业增速逐渐缩小下降幅度，并在4季度实现正增长，增速分别为3.6%和1.1%。服装、皮革与鞋帽等行业受疫情影响最大，1—4季度增速下降接近甚至超过10%。食品和饮料、烟草、木材加工、造纸、印刷与出版等行业产出与上年同期相比均略有不同程度下降。

表1-1　2019—2020年全球主要消费品行业产出同比增速（%）

行业	2019Q1	2019Q2	2019Q3	2019Q4	2020Q1	2020Q2	2020Q3	2020Q4
食品和饮料	2.3	1.9	1.7	1.6	-1.9	-3.1	-0.2	-0.7
烟草	3.4	0.9	-0.2	-0.7	-3.6	-10.6	-1.0	-2.8
纺织	0.9	-0.6	-0.6	-0.5	-4.7	-12.6	-1.6	1.1
服装	4.3	2.4	0.0	0.1	-13.1	-23.3	-11.2	-9.2
皮革与鞋帽	2.4	0.0	0.2	-1.7	-18.4	-22.1	-11.5	-9.3
木材加工	0.2	-0.8	-2.5	-0.6	-6.5	-8.8	-0.4	2.2
造纸	0.5	-0.9	-0.5	-0.2	-2.8	-5.3	-3.2	-0.2
印刷与出版	-1.2	-2.1	-1.9	-2.7	-8.6	-17.4	-9.1	-5.9
橡胶与塑料	1.1	-0.4	-0.7	-1.2	-7.6	-14.3	-1.2	3.6
基本药物	3.4	3.6	3.4	3.0	1.7	1.3	2.5	3.2
家具	0.4	-0.4	0.1	-0.1	-9.0	-19.7	-2.2	-0.9
其他制造业	3.7	1.5	1.1	-0.6	-8.3	-17.9	-5.2	-1.5
整个制造业	2.5	1.7	1.2	0.7	-6.0	-11.1	-1.0	2.4

数据来源：UNIDO Statistics，2021年3月

三、全球消费者信心情况

全球消费者信心指数方面，如图1-1所示，美国消费者信心指数先升后降，1—2月增速较好，2月指数达到近年来峰值101点。自3月起，全球暴发新冠肺炎疫情，美国未采取有效应对措施，新冠病毒感染人数和死亡人数均高居全球第一，对消费者信心指数产生重大影响，3—12月，指数均低于90，其中4月指数为71.6，成为自2011年以来最低值。欧盟方面，经济景气程度再度回落，工业产出持续走弱，消费者信心指数延续了2018年和2019年的下滑态势，特别是3月之后，指数出现较大幅度下降，较上年平均下降10%以上。其中，12月指数为-22.0，达到自2009年全球金融危机以来的最低水平。日本全年消费者信心指数发展态势与美国、欧盟类似，出现较大程度下跌，达到近20年来最低值。中国经济保持中速增长，2020年1季度，新冠肺炎疫情对中国这个世界上最大的制造大国产生了强烈影响，但中国制造业迅速反弹，带动消费者信心指数回升，消费者信心指数维持在120上下，较2019年平均指数出现小幅下降，但9—12月指数回升较快，其中12月指数达到122.1，接近上年同期水平。中国的综合国力、制造业能力和国际影响力均迈上新台阶。

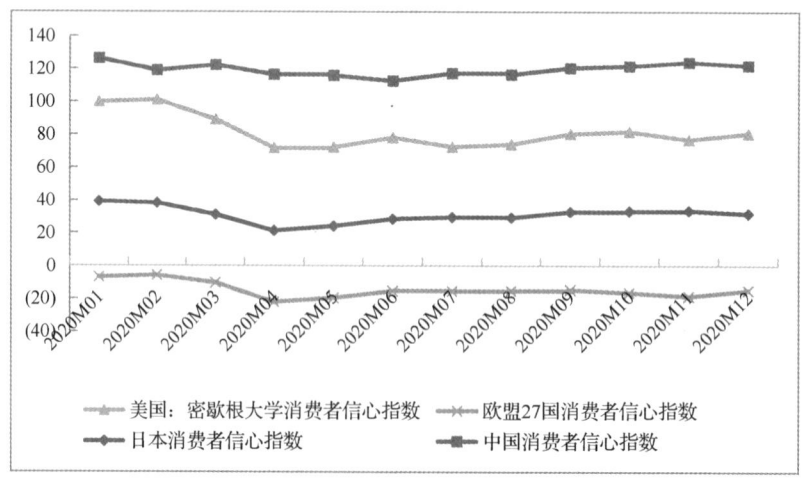

图1-1 2020年1—12月主要经济体消费者信心指数变化情况

数据来源：Wind数据库，2021年3月

第二节 发达国家发展情况

一、发达国家消费品工业发展整体态势

如表 1-2 所示，2020 年，发达经济体整体制造业 1—4 季度增速较上年同期均有较大幅度下滑，分别同比下滑 2.8%、15.9%、4.9%和 0.5%，其中 2 季度受新冠肺炎疫情影响较大。与整体制造业相比，消费品工业各子行业 1—4 季度增长态势差异较大。基本药物产品和烟草呈现较好的发展态势，基本药物 1—3 季度均实现正增长，1 季度增速达到 4.0%，比同期整体制造业高出 6.4 个百分点，相较上年增速提高 0.9 个百分点。烟草 1、3 季度均实现正增长，增速分别达到 1.2%和 2.1%，较上年同期增速分别提高 3.3 个和 5.3 个百分点。木材加工 1—4 季度增速波动较大，2 季度增速下降 11.2%，4 季度实现 1.4%的正增长。皮革与鞋帽等行业受疫情影响最大，1—4 季度增速下滑均超过 15%，其中，2 季度同比增速下降超过 40%。纺织、服装、印刷与出版、家具等行业受影响也较大，增速下降较快。造纸行业发展情况与 2019 年相似，4 季度增速下滑态势略有好转。

表 1-2　2019—2020 年发达经济体主要消费品行业产出同比增速（%）

行业	2019Q1	2019Q2	2019Q3	2019Q4	2020Q1	2020Q2	2020Q3	2020Q4
食品和饮料	1.5	0.8	1.2	1.6	1.1	-5.2	-0.9	-2.7
烟草	-2.1	-4.1	-3.2	-2.4	1.2	-6.9	2.1	-0.5
纺织	-2.6	-3.7	-2.8	-4.7	-6.8	-22.9	-7.5	-5.7
服装	-2.5	-6.9	-10.5	-3.7	-6.9	-30.4	-14.9	-20.7
皮革与鞋帽	-0.4	-1.2	-2.8	-3.7	-15.2	-42.1	-17.2	-17.8
木材加工	-1.2	-1.3	-2.8	-1.3	-1.3	-11.2	-0.9	1.4
造纸	-1.0	-3.1	-2.4	-2.8	-0.4	-7.1	-5.8	-1.6
印刷与出版	-3.8	-4.0	-3.5	-3.9	-5.0	-21.8	-11.9	-8.4
橡胶与塑料	0.2	-1.1	-1.7	-2.8	-3.5	-19.8	-4.3	0.9
基本药物	3.1	2.3	2.1	1.5	4.0	1.2	0.2	-1.3
家具	-0.6	-1.3	0.4	-0.6	-3.6	-23.9	-4.6	-3.5
其他制造业	3.3	1.1	1.5	0.1	-2.6	-19.4	-5.4	-2.8
整个制造业	0.4	-0.4	-0.7	-2.1	-2.4	-16.3	-5.6	-1.6

数据来源：UNIDO Statistics，2021 年 3 月

二、美国提振消费发展相关举措

为了应对新冠肺炎疫情冲击，美国政府启动了激进的财政政策，通过刺激居民消费和政府消费两方面拉动消费。政策主要作用于需求端，防止因企业倒闭而使居民收入下降，进而导致消费不足与企业进一步倒闭的恶性循环。

刺激居民消费方面，美国刺激规模为 10740 亿美元，具体内容如表 1-3 所示：1920 亿美元的《家庭优先冠状病毒应对法案》，《CARES 法案》个人一次性退税 2930 亿美元，失业救济金 2680 亿美元；《薪资保护计划与优化医疗保健法案》中薪资保护的 3210 亿美元；《CARES 法案》食品保障的 250 亿美元。美国本轮财政政策将拉动居民消费增长 7660.6 亿美元。在政府消费层面，本轮刺激计划共涉及拉动消费金额 2833 亿美元。这样来看，本轮财政政策将合计拉动消费增加 10493.6 亿美元，占 2019 年美国 GDP 的 4.9%。

表 1-3　2020 年美国提振消费采取的财政政策

消费类别	财政政策	支持规模	财政政策拉动效果
居民消费	《家庭优先冠状病毒应对法案》	1920 亿美元	7660.6 亿美元
	《CARES 法案》个人一次性退税	2930 亿美元	
	《CARES 法案》失业救济金	2680 亿美元	
	《薪资保护计划与优化医疗保健法案》薪资保护	3210 亿美元	
	《CARES 法案》食品保障	250 亿美元	
政府消费	《冠状病毒防范和响应补充拨款法案》	83 亿美元	2833 亿美元
	《CARES 法案》用于支持医院	1000 亿美元	
	《CARES 法案》用于对州政府和地方政府的转移支付	1500 亿美元	
总消费	《薪资保护计划与优化医疗保健法案》中用于病毒测试	250 亿美元	10493.6 亿美元

三、英国提振消费发展相关举措

截至目前，为了降低新冠肺炎疫情对本国经济社会的负面冲击，英国主要出台了三项应对疫情的财政举措，涉及资金规模为 5080 亿英镑。

英国财政政策将拉动消费增加 427 亿英镑，占 2019 年英国 GDP 的 1.9%。

刺激居民消费方面，英国提出薪资补贴计划，英国政府承诺，将为所有受新冠肺炎疫情影响（不包括被解雇者）而无法工作的数百万人，补贴其工资的 80%，补贴上限为每人每个月 2500 英镑（约合人民币 20734 元）。这一数值略高于英国工人收入的中位数。该计划将最少为期 3 个月，如有需要，计划的实施时间还将延长。2019 年年末英国企业员工规模为 2775 万人，如果假定 10% 获得薪资补贴，而且连续获得 3 个月最高标准补贴，那么薪资补贴计划的金额将达到 208.12 亿英镑。同时，由于新冠肺炎疫情对餐饮、酒店和剧院等实体产业的影响最大，从事这些产业的公司在未来 12 个月内将不用支付营业房产税；在民生方面，对于受疫情影响较大的个人，英国政府将要求各大银行给予他们 3 个月的抵押贷款宽免期，以减轻贷款负担。在政府消费层面，本轮刺激计划额外增加了 300 亿英镑，其中 50 亿英镑用于公共卫生支出。

四、欧盟国家提振消费发展相关举措

法国出台了多项应对新冠肺炎疫情的财政刺激计划，将经济刺激计划从 450 亿欧元提升至 1100 亿欧元，以帮助企业抵抗新冠肺炎疫情冲击，其中包括法国政府将支付企业在危机期间解雇的那些员工的工资。由于该计划未提及政府投资，而员工的工资主要用于消费。

德国政府实施一揽子总金额 1300 亿欧元的经济刺激方案，内容涵盖促进消费、企业支持与民众补贴等多个方面，时间覆盖 2020 年和 2021 年。增值税标准税率从 19% 下调至 16%，低税率增值税从 7% 下调至 5%，持续 6 个月。这部分减税预计总计 200 亿欧元。另外，至少 100 亿欧元投入地方政府，帮助税收减少的地方当局应对公共开支；每名儿童获得一次性 300 欧元补贴，单亲家庭享受更多补贴。

五、日本提振消费发展相关举措

日本采取促进消费的具体政策措施包括：一是对家庭和企业进行现金补助，对于处境艰难的家庭、中小微企业，政府将提供超过 6 万亿日元现金补助；二是对儿童的特殊补助，每户家庭除补助 30 万日元外，

每个孩子还能获得 1 万日元的儿童补助，以帮助有多个孩子的家庭；三是创设首个面向企业和个体户的给付金制度，向销售额大幅减少的中小企业提供 200 万日元补助，向个体经营户提供 100 万日元补助，并减免固定资产税；四是允许企业推迟一年缴纳消费税、社会保险费等，并无须负担整体规模达 26 万亿日元的延迟缴纳费，以确保企业继续运转；五是确保企业和个体户能从地方银行、信用金库、信用组合等民间金融机构获得无息、无担保、还款期最长为 5 年的贷款，以保护就业；六是计划将雇佣调整补助的补助率提升到历史最高；七是向医疗系统拨款 1.8 万亿日元防止新冠肺炎疫情扩散；八是设置 1.5 万亿日元的疫情对策特别预备费。日本 21.23 万亿日元的消费刺激可以增加 12.45 万亿日元居民消费。政府消费为 21.06 万亿日元。

第三节　新兴经济体及其他发展中国家发展情况

如表 1-4 所示，2020 年 1—4 季度，新兴经济体（EIE）及其他发展中国家制造业增速先降后升，分别同比增长 -2.3%、-22.0%、-4.1% 和 1.0%，1—3 季度相较上年同期分别下降 3.1%、23.0% 和 4.3%，4 季度增速相较上年同期提高 0.3 个百分点。消费品工业发展受新冠肺炎疫情影响较大，但各子行业与制造业发展态势具有较大差别。

消费品工业各子行业增长态势显著分化。各行业 2 季度增长大幅下降，3、4 季度部分行业实现正增长。其中，基本药物产品保持最快增速，增速分别为 0.8%、-1.0%、6.8% 和 7.1%，3—4 季度相较上年同期分别提高 3.7 个和 2.4 个百分点。木材加工和家具行业发展情况位于第二梯队，木材加工 1—4 季度增速相较上年同期分别提高 1.6 个、-14.7 个、4.2 个和 7.5 个百分点，4 季度增速达到 5.5%；家具行业 3—4 季度增速相较上年同期分别提高 6.1 个和 6 个百分点。食品与饮料行业总体保持小幅度正增长，1—4 季度分别同比增长 1.2%、-0.7%、0.5% 和 0.8%。橡胶与塑料行业 4 季度增速达到 5.0%。服装、纺织、皮革与鞋帽和其他制造业等行业受疫情影响最大，2 季度增速下滑均超过 30%，其中，服装行业 2 季度同比增速下降 45.3%，相比上年同期增速下降 53.8 个百分点。烟草、印刷与出版、造纸行业发展受疫情影响均出现不同程度下滑。

表1-4　2019—2020年新兴经济体及其他发展中国家主要消费品行业产出同比增速（%）

行业	2019Q1	2019Q2	2019Q3	2019Q4	2020Q1	2020Q2	2020Q3	2020Q4
食品和饮料	1.4	2.4	2.7	2.5	1.2	-0.7	0.5	0.8
烟草	6.3	0.4	-3.7	-4.1	-2.7	-15.7	-6.6	-7.3
纺织	-1.6	-0.9	-1.9	1.1	-8.2	-32.7	-3.9	-1.1
服装	8.3	8.5	6.4	3.7	-7.3	-45.3	-16.7	-9.6
皮革与鞋帽	-1.5	-2.9	0.2	-1.9	-8.7	-31.3	-11.2	-3.8
木材加工	-3.6	-3.4	-4.7	-2.0	-2.0	-18.1	-0.5	5.5
造纸	-0.1	0.9	-2.1	-0.8	0.4	-7.1	-2.0	-0.4
印刷与出版	2.6	4.7	5.2	0.4	-4.6	-28.5	-13.3	-9.1
橡胶与塑料	-1.8	-2.5	-4.0	-2.3	-5.1	-21.0	-1.3	5.0
基本药物	0.9	4.5	3.1	4.7	0.8	-1.0	6.8	7.1
家具	0.0	0.6	-2.3	-1.1	-3.3	-26.1	3.8	4.9
其他制造业	3.1	1.6	-0.4	-4.4	-7.9	-30.7	-11.9	-3.8
整个制造业	0.8	1.0	0.2	0.7	-2.3	-22.0	-4.1	1.0

数据来源：UNIDO Statistics，2021年3月

第二章

2020年中国消费品工业发展状况

第一节　发展现状

一、新冠肺炎疫情影响尚未完全恢复，生产增速回落明显

2020年受新冠肺炎疫情影响，消费品工业主要子行业生产增速同比明显回落。如表2-1所示，在轻工领域，1—12月，农副食品加工业、酒、饮料和精制茶制造业、皮革、毛皮、羽毛及其制品和制鞋业、家具制造业、印刷和记录媒介复制业、文教工美体育和娱乐用品制造业的工业增加值增速均为负增长，较上年同期下滑明显，其中皮革、毛皮、羽毛及其制品和制鞋业、家具制造业与文教、工美、体育和娱乐用品制造业增速下滑最为严重，分别由上年同期的2.1%、2.5%和1.1%大幅下滑至-11.7%、-4.4%和-6.0%。近年受环保政策影响较大的造纸及纸制品业、橡胶和塑料制品业经过产能结构调整，生产规模有所恢复，生产增速同比下降但仍维持小幅正增长。纺织领域，1—12月，纺织服装服饰业受疫情影响较大，由上年同期的0.9%大幅下降至-9.0%，而纺织业、化学纤维制造业等受疫情期间口罩、防护服生产规模加大的影响，一定程度上减缓了纺织业、化学纤维制造业生产规模下滑速度，虽较上年同期有所减速，但仍保持正向增长态势。医药领域，由于新冠肺炎疫情防控需求，整体生产规模持续稳健增长，1—12月，医药制造业工业增加值增速为5.9%，较上年同期的6.6%略有下滑。

表 2-1　2019—2020 年 1—12 月主要消费品行业工业增加值增速及比较（%）

行　业	2020 年 1—12 月	2019 年 1—12 月
工业	2.8	5.7
农副食品加工业	-1.5	1.9
食品制造业	1.5	5.3
酒、饮料和精制茶制造业	-2.7	6.2
皮革、毛皮、羽毛及其制品和制鞋业	-11.7	2.1
家具制造业	-4.4	2.5
造纸及纸制品业	1.2	4.2
印刷和记录媒介复制业	-2.0	2.5
文教、工美、体育和娱乐用品制造业	-6.0	1.1
橡胶和塑料制品业	1.8	4.8
纺织业	0.7	1.3
纺织服装服饰业	-9.0	0.9
化学纤维制造业	2.2	11.9
医药制造业	5.9	6.6

数据来源：国家统计局，2020 年 12 月

二、全球贸易形势严峻，出口市场受到冲击

2020 年，随着全球新冠肺炎疫情持续蔓延，2020 年 1—12 月，大部分消费品受国际贸易不畅的影响，加之以扩内需为主的双循环背景下，部分企业纷纷出口转内需，因而使得大部分消费品工业子行业出口交货值出现明显下滑且较上年同期呈现负增长。轻工领域，除橡胶和塑料制品业外，其他行业出口交货值增速均较上年同期大幅下降且呈现显著负增长，其中农副食品加工业、酒、饮料和精制茶制造业、皮革、毛皮、羽毛及其制品和制鞋业、家具制造业出口负增长超 10 个百分点，分别为 -10.0%、-12.9%、-24.5% 和 -11.2%。纺织领域，受全球新冠肺炎疫情和双循环驱动的双重影响，纺织行业与轻工行业的出口情况类似，纺织业、纺织服装服饰业及化学纤维制造业等纺织行业的出口交货值增速均较上年同期明显下降且呈现不同程度的负增长。受满足全球新冠肺炎疫情防控需求的影响，整个消费品工业中仅医药制造业出口交货值增速大幅提升，由上年同期的 5.3% 增加到 36.6%，见表 2-2。

表2-2 2019—2020年1—12月主要消费品行业出口交货值增速及比较（%）

行　　业	2020年1—12月	2019年1—12月
工业	-0.3	1.3
农副食品加工业	-10.0	2.4
食品制造业	-7.8	6.1
酒、饮料和精制茶制造业	-12.9	-1.0
皮革、毛皮、羽毛及其制品和制鞋业	-24.5	-1.7
家具制造业	-11.2	-2.4
造纸及纸制品业	-8.8	3.4
印刷和记录媒介复制业	-8.2	3.1
文教、工美、体育和娱乐用品制造业	-8.1	3.5
橡胶和塑料制品业	0.3	0.2
纺织业	-8.9	-2.4
纺织服装服饰业	-18.1	-2.1
化学纤维制造业	-17.7	-5.3
医药制造业	36.6	5.3

数据来源：国家统计局，2020年12月

三、固定资产投资回落明显，内需疲软但逐步回暖

2020年，在主要消费品行业固定资产投资方面，除医药制造业外，其余制造业及其他消费品子行业固定资产投资增速均回落严重，呈现不同程度的负增长。其中，皮革、毛皮、羽毛及其制品和制鞋业、家具制造业、印刷和记录媒介复制业、文教、工美、体育和娱乐用品制造业、纺织服装服饰业和化学纤维制造业等固定资产投资负增长程度较大，分别为-15.8%、-15.8%、-20.5%、-26.5%、-31.9%和-19.4%，医药制造业固定资产投资较上年同期大幅增长，其增速为上年同期的3倍多，见表2-3。上述情形，一是受新冠肺炎疫情影响，除医药制造业固定资产投资增长显著外，其他行业均呈下降态势；二是部分行业延续国家供给侧结构性改革政策导向；三是反映了民间资本和企业方对消费品工业投资的信心不足。消费方面，12月消费者信心指数122.1，同比、环比分别增长-3.6%和-1.5%。1—12月，全社会消费品零售总额累计达到391981.0亿元，同比增长-3.9%，较上年同期下降12.9百分点，在一定

程度上受新冠肺炎疫情影响，国内消费需求呈疲软态势，随着我国新冠肺炎疫情防控取得阶段性胜利以及扩内需政策的驱动，消费品各子行业市场消费逐步回暖，整体呈上升趋势，如图2-1所示。

表2-3 2019—2020年1—12月主要消费品行业固定资产投资增速及比较（%）

行　业	2020年1—12月	2019年1—12月
制造业	-2.2	3.1
农副食品加工业	-0.4	-8.7
食品制造业	-1.8	-3.7
酒、饮料和精制茶制造业	-7.8	6.3
皮革、毛皮、羽毛及其制品和制鞋业	-15.8	-2.6
家具制造业	-15.8	-0.7
造纸及纸制品业	-5.1	-11.4
印刷和记录媒介复制业	-20.5	4.6
文教、工美、体育和娱乐用品制造业	-26.5	-2.4
橡胶和塑料制品业	-1.2	1.0
纺织业	-6.9	-8.9
纺织服装服饰业	-31.9	1.8
化学纤维制造业	-19.4	-14.1
医药制造业	28.4	8.4

数据来源：国家统计局，2020年12月

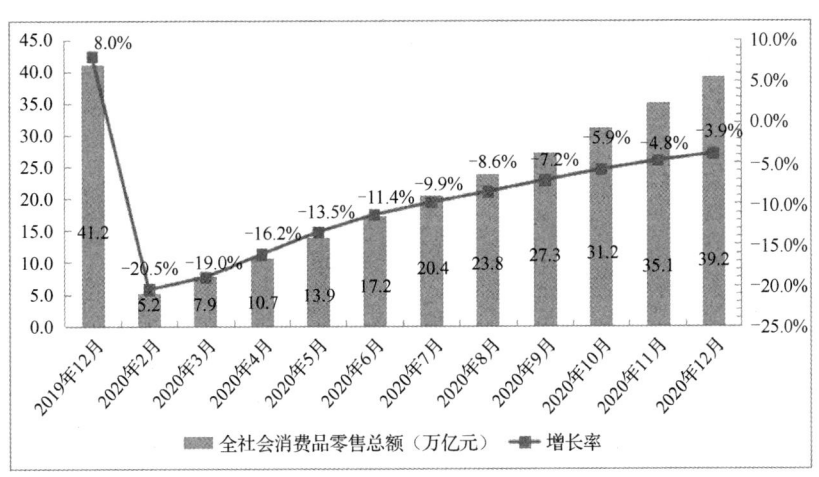

图2-1 2019年12月—2020年12月全社会消费品零售总额及增速

数据来源：国家统计局，2020年12月

第二节 存在问题

一、部分行业亏损较为严重，新形势下生存压力加大

一是企业亏损情况较为严重，1—12月，除医药制造业外，主要子行业亏损面均明显扩大，由于销售不力、订单回款减少、产能下降等原因，企业亏损深度大幅深化，农副食品加工业和食品制造业等少数行业企业较2019年水平略有回升，而医药制造业受新冠肺炎疫情影响，不论是亏损面还是亏损深度均明显减少，见表2-4。

表2-4 2019—2020年1—12月主要消费品行业亏损情况及比较

行 业 名 称	亏 损 面			亏 损 深 度		
	2020年	2019年	变化	2020年	2019年	变化
工业	17.3%	15.9%	1.4%	15.3%	15.2%	0.1%
农副食品加工业	16.8%	15.2%	1.6%	11.3%	13.2%	-1.9%
食品制造业	16.5%	15.0%	1.5%	6.5%	6.7%	-0.2%
酒、饮料和精制茶制造业	14.0%	11.9%	2.1%	2.8%	4.6%	-1.8%
皮革、毛皮、羽毛及其制品和制鞋业	19.5%	12.2%	7.3%	12.4%	6.2%	6.2%
家具制造业	17.6%	14.1%	3.5%	10.4%	7.2%	3.2%
造纸及纸制品业	18.8%	17.2%	1.6%	10.1%	15.4%	-5.3%
印刷业和记录媒介的复制	16.3%	13.4%	2.9%	7.7%	6.9%	0.8%
文教、工美、体育和娱乐用品制造业	16.5%	12.2%	4.3%	10.6%	8.4%	2.2%
橡胶和塑料制品业	14.1%	15.9%	-1.8%	9.7%	10.0%	-0.3%
纺织业	21.9%	15.6%	6.3%	14.6%	5.2%	9.4%
纺织服装服饰业	23.2%	16.9%	6.3%	17.7%	13.5%	4.2%
化学纤维制造业	28.7%	17.1%	11.6%	31.1%	15.1%	16.0%
医药制造业	17.5%	22.1%	-4.6%	6.9%	20.5%	-13.6%

数据来源：国家统计局，2020年12月

二是结构调整阵痛依旧存在，消费品工业中小企业占比较高，受产业转型升级、资源环境约束压力、成本压力等多重因素影响，企业利润

空间压缩加剧，生产运营受到较大影响。

三是部分行业面临去库存压力加大，其中，新冠肺炎疫情发生以来，粮油制造、乳粉（不含婴配乳粉）、方便食品等生产消费大幅提高，但考虑到这些产品具有一定耐储存特性和阶段内消费总量稳定的特点，预计 2021 年生产计划将出现下滑。

四是部分日用品、家具、水产品、服装、地毯等产品，出口占比较高，由于主要销往国家的居民消费尚未全面恢复，导致订单减少，投放市场面临战略调整，预计生产环节将维持一段时间的环比低速增长。

二、影响进出口复杂因素增多，国际贸易不确定性加剧

一是全球经济增速放缓，主要发达国家内需不振，加之新冠肺炎疫情持续影响，居民消费优先以满足生存型消费和医药卫生等需求为主，降低了预期的发展型、享受型消费需求，特别是中低收入群体，服装、日用品、家用电器及家具等消费整体呈现收缩态势。据 IMF 报告更新，2020 年全球 GDP 将锐减 4.9%。据 OECD 报告更新，除中国外，2020 年所有 G20 国家经济都将陷入衰退。

二是新冠肺炎疫情导致国际贸易普遍受阻，主要国家产业链尚未完全恢复，全球供应链面临重塑，贸易紧张局势及其不确定性加剧。部分国家实行加征关税、保护限制目录等措施，导致我国产品出口受到冲击，特别是对轻工行业尤甚。

三是食品工业生产所需要的进口大宗原材料，面临成本价格波动，一定程度上提高了生产成本，企业加工产成品出口意愿降低，水产品、禽肉制品等冷链食品订单则面临到港时间长、检验费用高、履约存风险等问题，出口不确定性加剧。

三、消费呈现结构需求变化，全面促进消费仍需发力

一是新冠肺炎疫情发生以来，快速消费品普遍面临渠道变革带来的阵痛。例如，由于"礼赠""宴会"等社交活动大幅减少，化妆品、酒类消费一度大幅下降，新冠肺炎疫情导致调味品等原以供给餐饮为主的行业出现订单锐减等问题。如何拓展消费渠道、更好解决行业痛点、增强消费黏性、实现较高的用户价值，成为快速消费品行业在后新冠肺炎

疫情时代的重要命题。

二是家用电器、移动终端等耐用消费品已由增量为主进入存量升级换代的新时期。绿色、健康、品质、个性化等特性成为新时期消费需求，因此对"增品种、提品质、创品牌"提出更多要求，存量市场的消费升级潜力尚未完全释放。

三是产业对新消费板块的储备和响应不够。如：随着人口老龄化进一步加剧，对于符合我国人群特点的老年食品、特医食品、功能性服装、生活辅助器具等市场需求旺盛，目前我国在这一领域还处于初级阶段，相关标准、分类尚不完善，注册审批与产业化进程缓慢。

四是直播带货等新模式新业态尚不成熟。如：该业态面临产品质量隐忧，退换货等环节也频频发生问题，被中消协多次点名，相关服务细则亟待出台和完善，以进一步推动行业规范发展。

第三节　对策建议

一、扩大消费需求，释放内循环市场潜力

一是优化供给结构，改善供给质量，提升供给体系对国内需求的适配性。顺应消费升级趋势，提高 5G 手机、智能家电、可穿戴智能产品及绿色健康食品的供给能力。适应新冠肺炎疫情后无接触消费模式需求，扩大智慧医疗、智能家居、智慧健康养老等领域产品供给。

二是完善扩大内需的政策支撑体系。推动收入分配机制改革，促进中低收入人群收入增长，从根本上提升居民消费支出能力。完善以住房、教育、医疗、养老为主的社会保障体系，削减挤出效应，提升居民消费意愿。针对平台消费、共享消费、体验消费等新兴领域快速发展需要，制定完善适应新兴领域创新发展的政策体系。

三是加大关键领域有效投资，用好地方政府专项债等政策，带动社会投资，重点支持既能促消费惠民生又能调结构增后劲的"两新一重"建设。围绕中高端消费需求发展方向，在教育、养老、文化、体育、娱乐等领域加强投资引导。

二、稳定出口贸易，推动内外需协调发展

一是针对新冠肺炎疫情蔓延带来的国外订单锐减情况，积极引导消费品工业企业利用云展会等新型展会平台，拓展新的市场和空间。通过提高出口退税率、加大企业出口创汇补贴额度、提高出口信用保险保费补贴等方式，加大出口支持力度。

二是针对国际贸易摩擦加剧等不确定性因素，引导企业提高产品质量和技术含量，增强国际市场竞争力和占有率。着力开拓"一带一路"沿线市场，通过产能合作等方式加大与新兴市场的经济往来，降低对欧美等传统市场的依赖性。积极推进"互联网+外贸"模式，加强与"一带一路"沿线国家和地区的电子商务合作。

三是以 RCEP 签署为契机，积极融入亚太地区产业链体系建设，进一步优化对外贸易和投资布局，加快消费品工业企业"走出去"步伐。借鉴发达国家产业保护经验，尽快建立贸易调整援助机制，向因关税减让而受到冲击的产业和企业提供援助。

三、加大扶持力度，促进中小消费品企业健康发展

一是引导大企业与小企业通过专业分工、服务外包、订单生产等多种方式，实现协同创新和协作共赢，促进大中小企业融通发展。

二是加大国家中小企业发展基金及相关子基金对消费品领域的支持力度，重点向"增品种、提品质、创品牌"成效明显或有良好市场前景的成长型中小企业倾斜。充分发挥国家小型微型企业创业创新示范基地作用，帮助消费品领域初创企业降低创业创新成本、提高创业创新成功率。

三是进一步完善消费品产业集聚区中小企业公共服务体系，整合、规范服务资源，推动服务机构的市场化和社会化。用好国家中小企业公共服务示范平台，形成公共服务、市场化服务、公益性服务相结合的多层次中小企业服务模式，为中小消费品企业提供信息咨询、技术研发、检验检测、品牌培育、知识产权保护等特色服务项目。

四是增强中小消费品企业融资支持，发挥财政资金的引导作用，通过投资补助、资本金注入、设立基金等多种方式给予资金支持。

行业篇

第三章

纺织工业

第一节 发展情况

一、运行情况

（一）生产形势稳步改善

2020 年一季度，受新冠肺炎疫情影响，纺织行业景气指数下降至 50 临界点以下，在国家"六稳""六保"工作扎实推进的支撑下，从二季度开始景气指数有所回升，至四季度已回升到 61.3，为近年来较好水平，反映出企业经营信心的稳步回升。见图 3-1，从工业增加值看，2020 年纺织工业规模以上企业工业增加值同比减少 2.6%，增速低于 2019 年 5 个百分点，降幅较 2020 年 1—2 月和 1—9 月分别收窄 23 个和 2 个百分点。分行业看，纺织业、纺织服装服饰业、化学纤维制造业分别同比增长 0.7%、-9.0%和 2.2%，但与一季度的同比下降 5.5%、1.5%、8.4%相比，形势明显好转。从产能利用率看，2020 年纺织业和化纤业产能利用率分别为 73.1%和 80.5%，虽较 2019 年分别下降 5.3 个和 2.7 个百分点，但较前三季度分别回升 0.7 个和 1.4 个百分点，产能利用率逐步提升。

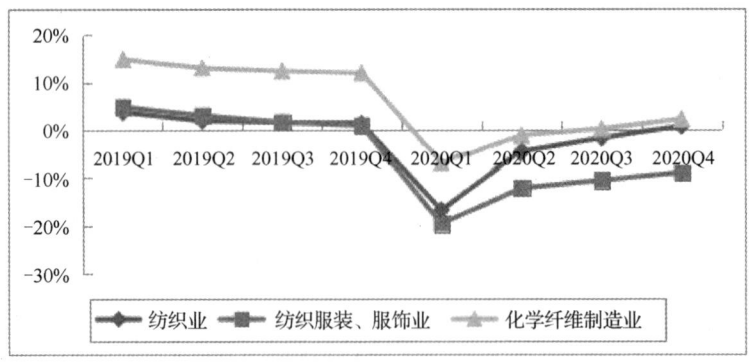

图 3-1 2019—2020 年纺织工业各细分行业工业增加值增速变化情况
数据来源：国家统计局，2021 年 2 月

（二）出口增速逆势上扬

2020 年，由于防疫需求带动，纺织行业出口规模创下 2015 年以来最好成绩。见图 3-2，根据国家海关数据显示，2020 年，我国纺织品服装出口额达 2912.2 亿美元，同比增长 9.6%，增速高于上年 11.1 个百分点。其中，出口纺织纱线、织物及制品出口额为 1538.4 亿美元，同比增长 29.2%，出口额占全行业比重达到 58.2%，较上年大幅提升 13.9 个百分点；出口服装及衣着附件 1373.823 亿美元，同比下降 6.4%，但是 8 月份以来的单月出口额均为正增长，体现出我国纺织产业链的完善性和供应链的稳定性。

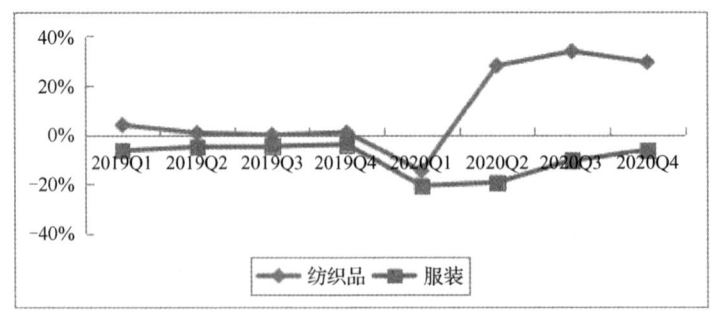

图 3-2 2020 年纺织工业出口增速变化趋势
数据来源：海关总署，2021 年 2 月

（三）投资规模大幅萎缩

2020年，受施工天数明显减少、开复工率普遍较低等因素影响，纺织业投资受到较大冲击，纺织服装服饰业固定资产投资大幅下滑31.9%，降幅较2019年同期扩大33.7个百分点。而在防护服、口罩等防疫物资拉动下，纺织业固定资产投资形势向好，虽然规模仍以6.9%的速度缩小，但降幅较2019年同期收窄了2个百分点。与纺织业、纺织服装服饰业相比，化学纤维制造业固定资产投资则相对平稳，见图3-3。

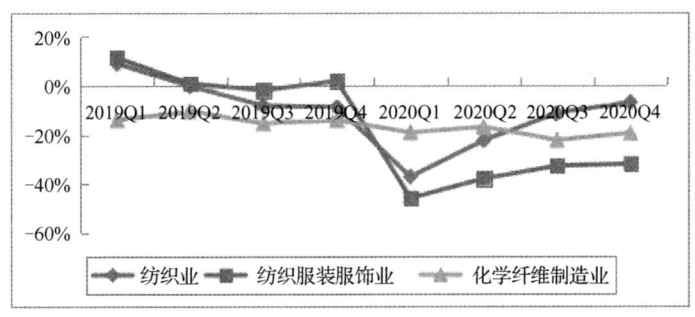

图3-3　2020年纺织工业固定资产投资额累计增长率
数据来源：国家统计局，2021年2月

（四）消费需求稳步回升

2020年年初，国内新冠肺炎疫情全面暴发，居家隔离、减少社交活动、关闭实体商业等措施对纺织服装销售带来巨大冲击，一季度纺织服装类商品零售总额大幅下滑32.2%，创历史新低。之后随着新冠肺炎疫情防控工作的稳步有效推进，各类促消费政策全面实施，居民消费活动日益活跃，纺织行业内需逐步改善。到2020年年底，纺织服装类零售总额降幅已收窄至6.6%。同时，纺织服装的线上消费恢复更为快速，全年同比增长5.8%，见图3-4。

二、效益情况

（一）盈利能力逐季改善

2020年，随着国内外市场需求的逐步复苏，叠加国内大规模减税减费等助企纾困政策措施效应,纺织工业企业经济效益从年初的大幅下滑逐渐改善。数据显示,2020 年规模以上纺织工业企业(不含纺织机械)实现营业收入 44459.9 亿元,同比减少 8.9%,降幅较一季度收窄 16.3 个百分点;实现利润总额 2009.3 亿元,同比减少 6.5%,降幅较一季度收窄 37 个百分点;年底营业收入利润率为 4.5%,较之一季度 2.6% 的水平大幅改善。

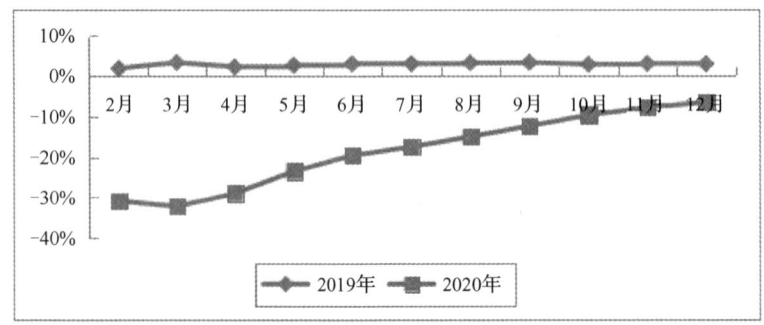

图 3-4　2020 年限额以上纺织服装类商品零售额及增速
数据来源:国家统计局,2021 年 2 月

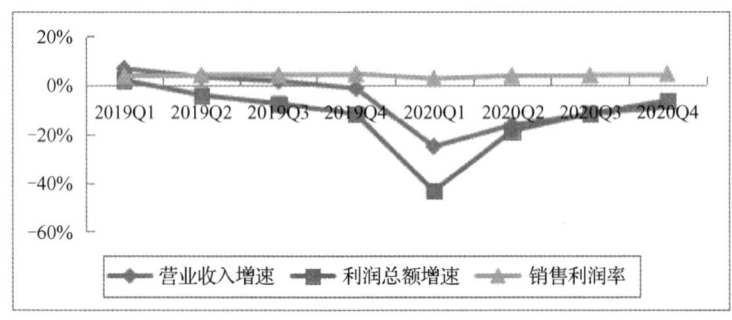

图 3-5　2021 年消费品工业效益指标变化情况
数据来源:国家统计局,2021 年 2 月

(二)亏损情况持续恶化

如表 3-1 所示,2020 年年初,受新冠肺炎疫情冲击,纺织工业供给端和消费端双向乏力,企业亏损面和亏损深度大幅扩大。一季度,纺织工业亏损面和亏损深度分别为 36.3% 和 71.6%,高于工业平均水平,特别是化学纤维制造业,亏损深度达到 200%。随着各类纾困政策的实施,

行业效益逐步修复，亏损程度较之年初有所改善，年底时纺织工业亏损面和亏损深度分别收窄至 22.8% 和 17.7%，但与上年同期相比，经营压力仍然较大。

表 3-1　2020 年纺织工业亏损情况及比较

行业	亏损面 2019 年	亏损面 2020Q1	亏损面 2020 年	亏损深度 2019 年	亏损深度 2020Q1	亏损深度 2020 年
工业	15.9%	34.8%	17.3%	15.2%	57.0%	15.3%
纺织工业	16.9%	36.3%	22.8%	13.5%	71.6%	17.7%
其中：纺织业	17.1%	36.3%	21.9%	15.1%	60.4%	14.6%
纺织服装服饰业	16.0%	35.0%	23.2%	9.1%	59.5%	17.7%
化学纤维制造业	22.1%	45.5%	28.7%	20.5%	200.0%	31.1%

数据来源：国家统计局，2021 年 2 月

三、重点领域情况

（一）服装行业

生产方面，虽然受到新冠肺炎疫情冲击，服装生产在初期有所停滞，但是在国家各项复工复产政策的推动下，行业基本保持稳定恢复的发展态势。2020 年，服装行业规模以上企业累计完成服装产量 223.7 亿件，同比下降 7.7%，增速好于预期。

出口方面，新冠肺炎疫情全球蔓延导致国外消费需求大幅削弱，叠加贸易摩擦影响，服装出口形势仍然严峻。2020 年，我国累计完成服装及衣着附件出口额 1373.8 亿美元，较上年同期减少 139.9 亿美元，同比下降 9.2%。

投资方面，受生产和消费端不景气影响，企业投资信心减弱，2020 年服装行业实际完成投资同比下降 31.9%。

消费方面，2020 年限额以上单位服装类商品零售额共计 8824 亿元，同比下降 8.1%。其中，网上零售额同比增长 5.8%，增速较之上年下滑 9.6 个百分点。

质效方面，2020 年服装行业规模以上企业累计实现营业收入 13697.3 亿元，同比下降 11.3%；累计实现利润总额 640.4 亿元，同比下

降 21.3%，营业收入利润率为 4.7%，较之上年同期下滑 0.6 个百分点，盈利水平仍有待提升。

（二）产业用纺织品行业

生产方面，口罩、防护服等应急防控物资生产加速，带动产业用纺织品行业快速发展，全年行业规上企业工业增加值同比大幅增长54.1%。据中国产业用纺织品行业协会（以下简称"中产协"）统计，行业 2020 年的景气指数为 80.4，处于较高的景气区间。

出口方面，据中产协统计，2020 年我国出口各类产业用纺织品（非全口径）价值 896 亿美元，同比增长 197.9%。其中，口罩、防护服以及药棉、纱布、绷带等防疫相关产品是主要出口产品。

投资方面，2020 年年初防疫物资生产供应紧张、价格上涨，吸引大量社会资本涌入，行业固定资产投资额同比增长 210%，主要集中在熔喷、纺粘和水刺非织造布以及口罩等领域。

效益方面，行业规上企业（非全口径）实现营业收入 3198.4 亿元，同比增长 32.6%；实现利润总额 365.3 亿元，同比大幅增长 203.2%。而在新冠肺炎疫情影响之下，行业企业间经营分化持续扩大，小企业经营压力进一步加大，与防疫物资关联度不高的产业用纺织品行业经营情况也差强人意。

第二节　存在问题

一、贸易环境风险上升

一方面，随着新冠肺炎疫情全球蔓延，产业链供应链稳定性受到冲击，全球产业结构和区域布局面临深度调整。为了保护本国产业发展，各类贸易摩擦不断上演，贸易环境不稳定严重影响了我国纺织行业在国际市场的正常发展。另一方面，外需持续低迷，大量出口订单出现延迟或取消，新增订单大幅减少，对企业生存带来压力。据中国棉纺织行业协会对 100 多家重点企业的最新调查结果，反映订单不足的企业占比达到了 63.6%。

二、生产成本快速攀升

疫情期间，各国普遍实施财政刺激政策，全球流动性大幅增长，推动原料价格大幅上涨，纺织领域的棉花、棉纱、短纤等原料现货价格一路上涨，对产业链下游企业带来冲击。以纺织原材料氨纶为例，2021年2月氨纶当月价格上涨超过30%，较之上年8月份价格低点时期，价格上涨幅度已经接近90%，创历史新高。由于下游纺织服装企业议价权较弱，无法将价格传导至消费端，在面对上游原料价格上涨的情况下，只能一再压缩利润空间，生产经营压力较大。

三、转型升级需求迫切

面对国际供应链效率下降、贸易摩擦风险持续高位等不利因素，我国纺织工业总体将面临外需总量增长放缓的基本面。而在"双循环"新发展格局下，国内市场将是实现纺织工业高质量发展的重要战场。随着收入水平的提升，消费升级趋势明显，消费者对个性化、多样化、品质化产品的需求日益增长，健康、绿色、智能和高品质的产品更受市场欢迎。以消费需求预测、辅助创意、设计和产品开发系统、智能化橱窗、虚拟试衣间、"犀牛工厂"等为代表的智能制造模式是纺织工业转型升级的重要方向。

第四章

生物医药及高性能医疗器械行业

第一节 发展情况

一、生产情况

（一）工业增加值增速继续回落，工业贡献率逐年提高

2020年，医药工业增加值增速回落。2020年1—12月，全国工业增加值增速为2.8%，相比于2019年5.7%的增速出现回落，下降2.9个百分点，这主要是受2020年年初的新冠肺炎疫情对全工业领域带来的影响。2020年1—12月，医药工业增加值全年累计增速为5.9%，相比2019年下降1.7个百分点，相比于全工业，虽然也受到新冠肺炎疫情的冲击，但整体表现好于工业平均水平，见表4-1。2020年1—12月，医药工业增加值比全工业增速平均水平高3.1个百分点，行业发展势头良好。2012—2020年，医药工业增加值占全工业的比重由2.4%上升到4.0%，增加了1.6个百分点，反映出医药工业对工业经济增长的贡献进一步扩大，见图4-1。

表4-1 2019—2020年1—12月工业和医药工业增加值增速比较

时 间	工 业		医 药 工 业	
	2019年	2020年	2019年	2020年
1—12月	5.7%	2.8%	7.6%	5.9%

数据来源：国家统计局，2021年4月

图 4-1　2011—2020 年医药工业增加值占全工业比重
数据来源：国家统计局，2021 年 4 月

（二）产能利用率高于全工业平均水平，产业结构调整压力依旧较大

2020 年 1—12 月，医药工业产能利用率稍高于全工业平均水平，为 75.0%，但仍未达到合理空间，产能依旧过剩。如图 4-2 所示，2016—2020 年，全工业产能利用率在 75.0% 左右徘徊，产能过剩现象依旧未有改观，与全工业相比，医药工业产能利用率较高，但也存在产能过剩的情况，产业结构调整的压力依旧艰巨[①]。

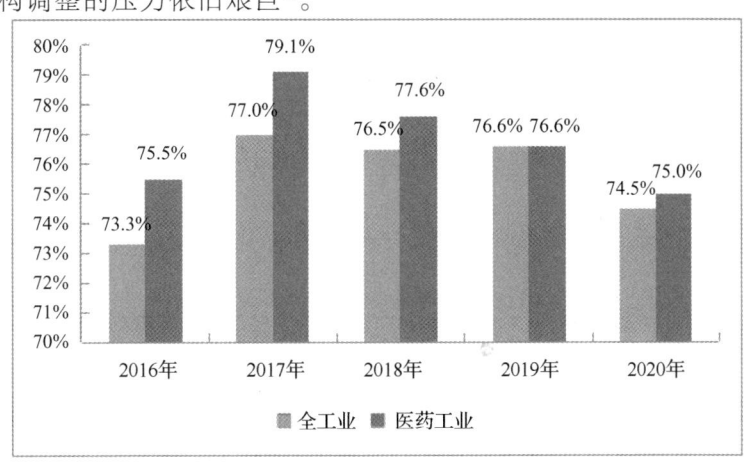

图 4-2　2016—2020 年全工业及医药工业产能利用率
数据来源：国家统计局　2021 年 4 月

---

① 按国际通行标准，产能利用率超过 90% 为产能不足，79%～90% 为正常水平，低于 79% 为产能过剩。

（三）出口交货值增速大幅增加，疫情相关物资出口增加

2020年1—12月，医药工业规模以上企业实现出口交货值1966.2亿元，比上年同期增长36.6%，见表4-2。出口交货值增速出现大幅提高，主要是在全球新冠肺炎疫情背景下，我国医疗器械和卫生耗材出口大幅增加，尤其是新型冠状病毒检测试剂、医用口罩、医用防护服、呼吸机、红外体温计及中药等产品出口大增。

表4-2 2020年1—12月医药工业出口交货值情况

行业名称	出口交货值（亿元）	比上年同期增长
医药工业	1966.2	36.6%

数据来源：国家统计局，2021年4月

二、效益情况

（一）主营业务收入增速回落明显，利润增速大幅提高

2020年1—12月，医药工业规模以上企业实现主营业务收入24857.3亿元，同比增长4.5%，增速较上年降低3.3个百分点且依旧逐年下降，见表4-3。一方面，由于全球新冠肺炎疫情对全行业带来冲击，医院就诊人数的减少直接带来处方药销售下滑，另一方面，市场准入端集中采购政策、新医保目录政策等带来市场销售价格和销售量的双重下跌。

表4-3 2020年1—12月医药工业主营业务收入情况

行业	主营业务收入（亿元）	同比	2019年增速
医药工业	24857.3	4.5%	7.8%

数据来源：国家统计局，2021年4月

2020年1—12月，医药工业规模以上企业实现利润总额3506.7亿元，同比增长12.8%，增速相比2019年提高6.9个百分点。利润率为14.1%，与上年同期相比，利润率提高0.9个百分点，见表4-4。2020年，在全球新冠肺炎疫情不断蔓延的情况下，医药工业利润增速远远大于主营业务收入增速，说明医药工业盈利能力增强，具有长期抗经济波动的特性。

表 4-4　2020 年医药工业利润总额和利润率完成情况

行　　业	利润总额（亿元）	同比	利润率	2019 年增速	2019 年利润率
医药工业	3506.7	12.8%	14.1%	5.9%	13.2%

数据来源：国家统计局，2021 年 4 月

（二）资产负债率继续呈现下降态势，行业发展态势良好

2020 年 1—12 月，医药工业总资产增长速度快于总负债增长速度，资产负债率为 40.5%，相比 2019 年的 41.2% 呈现下降态势。如表 4-5 所示，2020 年 1—12 月，医药工业资产同比增长 11.3%；同期，医药工业负债同比增长 9.4%。从资产负债率角度看，医药工业整体运行呈现健康态势，发展后劲较足。

表 4-5　2020 年 1—12 月医药工业资产负债情况

时　　间	资产同比增长	负债同比增长
1—2 月	9.5%	8.9%
1—3 月	9.8%	8.4%
1—4 月	10.5%	10.2%
1—5 月	10.8%	10.4%
1—6 月	10.2%	10.4%
1—7 月	10.0%	8.8%
1—8 月	10.0%	9.3%
1—9 月	10.5%	9.7%
1—10 月	10.2%	9.3%
1—11 月	11.1%	9.6%
1—12 月	11.3%	9.4%

数据来源：国家统计局，2021 年 4 月

（三）亏损面和亏损深度逐年扩大，行业整体盈利能力面临挑战

2020 年 1—12 月，医药工业亏损面和亏损深度相比 2019 年均增大。2020 年，医药工业企业数为 7665 家，其中亏损企业数 1344 家，亏损面为 17.5%，相比 2019 年的 15.3% 提高 2.2 个百分点。亏损企业累计亏

损额为 242.8 亿元，亏损深度为 6.9%，相比 2019 年的 5.3%提高了 1.6 个百分点，见表 4-6。综合行业利润增速来考虑，医药工业头部企业盈利水平提升较快，但行业整体盈利水平下降。

表 4-6　2019—2020 年医药工业亏损情况

年　份	亏 损 面	亏 损 深 度
2019	15.3%	5.3%
2020	17.5%	6.9%

数据来源：国家统计局，2021 年 4 月

第二节　存在问题

一、产业结构调整压力较大

近年来，我国医药工业发展结构不断优化，但随着政策变化、国际贸易环境的变化，产业结构调整进入了爬坡阶段。一方面，仿制向创新转型承压较大。近些年，医保控费、带量采购等政策大幅压低了药品价格；环保要求、药品注册审批标准等提高了企业运营成本；原料药、化学中间体短缺等增加了原材料成本；人才引进、"五险一金"标准提高等增加了人力成本；"两票制"推行、销售模式转变、税费提高等增加了财务成本。上述因素导致企业盈利空间大幅下降，创新资金投入承压较大。另一方面，国际贸易环境的不稳定性给产业高端发展带来挑战。中美第一阶段经贸协议中，美国关于加强药品专利保护、扩大对华药品和医疗器械进口等条款将对生物医药产业带来深层次的不利影响，产业发展将面临更为激烈的国际竞争，药品研发难度加大，中高端医疗器械转型艰难。新冠肺炎疫情的暴发导致国际贸易环境不确定因素增加，生物医药产业转型发展之路道阻且长。

二、创新生态系统不健全

创新生态系统不健全已成为当下阶段制约我国医药工业创新发展的瓶颈因素。首先，创新服务链待优化。目前各地服务于药品创新的药

理、药效、成药性评价、安全性评价、公共试验室等公共服务平台与完备的 CRO、CMO 产业应用平台以及临床研究应用中心不足，使得创新服务链尚不完整。其次，产学研用协同创新能力不足。目前，由于在成果分配、风险承担及知识产权等方面的机制不畅，科研院所和企业创新基本是独立开展的，没有形成联合创新的局面，导致科研成果转化率很低，科研院所的科研选题与市场需求结合不紧密，企业创新力弱。

三、部分品种仍存在阶段性供应短缺现象

2020 年，全国药品市场总体供应充足，但是部分药品存在阶段性供应短缺现象。分析原因，一是新冠肺炎疫情导致用药需求突然增加，短期出现部分应急药品供应不足。二是利益机制导致的药品供应不足。临床上对高价药的"偏好"，压缩了低价药的市场，引发生产性短缺问题；药品供应和价格监测不够及时，药品采购、使用、储备及价格监管等政策尚待完善，引发药品配送性、使用性短缺问题；药品出现质量问题或存在严重不良反应时，被强制停产、召回导致的短缺。

四、逆全球化趋势下产业链抗风险能力不足

近年来，经济全球化遭遇逆风，2020 年以来的新冠肺炎疫情导致逆全球化趋势的加剧，各国内顾倾向明显上升，医药工业也不可避免地受到了逆全球化影响。目前，我国医药工业在各细分领域的产业链初步形成，但在关键元器件、系统、关键仪器设备、关键原辅料和耗材等产业链环节的抗风险能力不足。例如，我国企业生产抗体药物必备的生物反应器及主要耗材一次性反应袋目前主要依赖进口，在新冠肺炎疫情和不稳定的国际贸易环境等因素的影响下，采购受限，供应紧张。产业链整体抗风险能力不足将导致产业发展受制于人，阻碍社会经济发展。

第五章

食品工业

第一节 发展情况

一、运行情况

（一）工业增加值有所下滑

2020年1—12月，全国规模以上食品工业企业数量为35242家，工业增加值同比下降1.1%，占全部工业比重的7.3%，其中，农副食品加工业、食品制造业、酒、饮料和精制茶制造业分别占3.0%、2.0%与2.3%。酒、饮料和精制茶制造业工业增加值维持正增长，增速为1.5%，农副食品加工业、食品制造业分别下降1.5%、2.7%。

（二）投资增速呈恢复态势

2020年，食品工业三大子行业中，酒、饮料和精制茶制造业固定资产投资增速全年维持较大幅度的下降趋势，全年降幅为7.8%，其中，1—12月较1—9月降幅明显收窄；其他两大行业恢复态势明显，农副食品加工业与食品制造业分别由2020年1—3月的-32.8%、-29.1%收窄至1—12月的-3.7%、-8.7%。详见表5-1。

表5-1 2020年1—12月全国食品工业子行业固定资产投资增速情况

行业名称	1—3月	1—6月	1—9月	1—12月
农副食品加工业	-32.8%	-16.8%	-10.8%	-8.7%

续表

行　业　名　称	1—3月	1—6月	1—9月	1—12月
食品制造业	-29.1%	0.4%	-3.0%	-3.7%
酒、饮料和精制茶制造业	-24.5%	4.3%	4.7%	6.3%

资料来源：国家统计局，2021年4月

（三）出口交货值整体下降

2020年1—12月，我国食品出口受新冠肺炎疫情全球蔓延导致的主要贸易国家内需不振、供应链不畅的影响较大，全年规模以上食品工业实现出口交货值3355.4亿元，同比降低9.7%，增幅较轻工业低4.8个百分点。其中，农副食品加工业出口交货值最高，为2143.1亿元，同比降低10.0%；食品制造业与酒、饮料和精制茶制造业出口交货值分别为1015.4亿元、196.9亿元，食品制造业同比增长6.1%，精制茶制造业则降低13.1%。

18个中类行业中，12个行业出口交货值下降，其中，糖果、巧克力及蜜饯制造、谷物磨制、酒的制造行业降幅较大，分别降低36.0%、28.3%与24.4%。6个行业呈现不同幅度的正增长，制糖业、焙烤食品制造、乳制品制造增幅较大，分别为21.5%、18.2%与18.2%，其他子行业增幅在1%至10%之间，详见表5-2。

表5-2 2020年全国食品工业出口交货值情况

行　业　名　称	全年出口交货值（亿元）	同比增长率（%）
食品工业	3355.4	-9.7
农副食品加工业	2143.1	-10.0
谷物磨制	16.5	-28.3
饲料加工	76.5	-16.9
植物油加工	29.3	9.4
制糖业	5.8	21.5
屠宰及肉类加工	160.0	-16.9
水产品加工	1054.5	-15.4
蔬菜、菌类、水果和坚果加工	612.1	-2.5
其他农副食品加工	188.4	1.0
食品制造业	1015.4	6.1

续表

行 业 名 称	全年出口交货值（亿元）	同比增长率（%）
焙烤食品制造	34.0	18.2
糖果、巧克力及蜜饯制造	86.4	-36.0
方便食品制造	83.1	-2.6
乳制品制造	2.8	18.2
罐头食品制造	192.5	-14.0
调味品、发酵食品制造	219.1	3.0
其他食品制造	397.7	-1.4
酒、饮料和精制茶制造业	196.9	-13.1
酒的制造	69.9	-24.4
饮料制造	44.7	-0.5
精制茶制造	78.0	-9.8

资料来源：中轻食品管理中心，2021 年 4 月

二、效益情况

（一）经济效益向好发展

如表 5-3 所示，2020 年 1—12 月，在新冠肺炎疫情等因素影响下，食品工业规模以上企业以占全国工业 5.3%的资产，创造了 7.8%的主营业务收入占比，完成了 9.6%的利润总额占比，全年主营收入利润率为 7.5%，高于全部工业 1.4 个百分点。其中，酒、饮料和精制茶制造业表现突出，主营收入利润率达 16.3%，农副食品加工业、食品制造业分别为 4.2%、9.1%。食品工业万元资产产出利润率达到全部工业的 1.8 倍。

收入方面，2020 年 1—12 月，我国规模以上食品工业企业主营业务收入达 82318.4 亿元，同比增长 1.2%，占轻工业主营业务收入的 42.3%，农副食品加工业、食品制造业、酒、饮料和精制茶制造业增速分别为 2.2%、1.6%与-2.6%。

农副食品加工业子行业中，饲料加工、食物植物油加工增长较快，同比分别增长 14.3%、10.7%，屠宰及肉类加工业同比增长 3.1%，其他行业均同比下降，其中，水产品加工、制糖业、蔬菜菌类水果及坚果加工行业下降幅度较大，分别为 17.7%、9.9%、9.6%。食品制造业子行业中，调味品发酵制品、乳制品、其他食品、方便食品制造业同比分别增

长 6.3%、6.2%、3.9%与 3.4%,其他行业均同比下降,罐头食品、糖果、巧克力及蜜饯制造同比分别下降 10.5%、9.9%。酒、饮料和精制茶制造业子行业中,酒精制造、固体饮料制造增长较快,同比分别增长 16.2%、10.3%,白酒制造、碳酸饮料制造同比分别增长 4.6%、1.3%,其他行业同比下降,其中,葡萄酒制造、黄酒制造、其他酒制造、瓶(罐)装饮用水制造降幅均超过 10%,位于 12%～30% 区间。

利润方面,全年规模以上食品工业实现利润总额 6206.6 亿元,同比增长 7.2%,高于全部工业 3.1 个百分点,占轻工业利润总额的 46.5%。其中,酒、饮料和精制茶制造业、食品制造业、农副食品加工业分别实现利润总额 2414.0 亿元、1791.4 亿元、2001.2 亿元,同比分别增长 8.9%、6.4%、5.9%。

农副食品加工业子行业中,制糖业、食物植物油加工、饲料加工行业增长较快,同比分别增长 2761.0%、53.8%、42.3%,谷物磨制行业同比增长 0.8%,其他行业同比下降,其中,水产品加工、屠宰及肉类加工、蔬菜菌类水果及坚果加工行业下降幅度较大,分别为 40.3%、18.3%、16.9%。食品制造业子行业中,其他食品、方便食品、糖果、巧克力及蜜饯、乳制品、调味品、发酵制品制造同比分别增长 15.5%、10.0%、7.5%、6.1%、5.6%,其他行业均同比下降,其中,罐头食品制造、焙烤食品制造同比分别下降 11.5%、6.4%。酒、饮料和精制茶制造业子行业中,酒精制造、含乳饮料和植物蛋白饮料制造、碳酸饮料制造、白酒制造、固体饮料制造增长较快,同比分别增长 347.3%、24.8%、15.6%、13.4%、10.9%,葡萄酒制造业、其他制造业、精制茶加工制造业降幅超过 10%。

2020 年全国食品工业主要经济效益指标概况,见表 5-3。

表 5-3　2020 年全国食品工业主要经济效益指标概况

行业名称	企业总数（家）	资产总计（亿元）	主营业务收入（亿元）	同比增长率（%）	利润总额（亿元）	同比增长率（%）	主营收入利润率（%）	成本费用利润率（%）
食品工业	35242	67053.2	82318.4	1.2	6206.6	7.2	7.5	7.3
农副食品加工业	21453	30471.3	47900.0	2.2	2001.2	5.9	4.2	4.1
食品制造业	8181	17691.9	19598.8	1.6	1791.4	6.4	9.1	10.1
酒、饮料和精制茶制造业	5658	18890.0	14829.6	-2.6	2414.0	8.9	16.3	21.9

资料来源:国家统计局,2021 年 4 月

（二）亏损情况有所加深

2020年，我国规模以上食品工业累计亏损企业合计5740家，亏损面为16.3%，由于新冠肺炎疫情期间对食品生产消费模式，特别是1季度影响较大，全年亏损面和亏损深度有所加深。从亏损总额来看，食品工业总计达410.3亿元，较上年减少11.5%，但由于资产总额减少，亏损面较上年同期扩大1.7个百分点。其中，农副食品加工业和食品制造业亏损面差别不大，分别为16.8%和16.5%，较上年分别扩大1.6个、1.5个百分点，酒、饮料和精制茶制造业亏损面增幅最大，较上年同期扩大2.1个百分点。全年规模以上食品工业企业资产负债率为50.6%，其中，农副食品加工业为57.5%，是三大子行业中最高的行业，详见表5-4。

表5-4　2020年全国食品工业及子行业负债和亏损企业亏损情况

行业名称	亏损企业数（家）	亏损企业亏损总额（亿元）	亏损面（%）	亏损深度（%）	负债率（%）
食品工业	5740	410.3	16.3	6.6	50.6
农副食品加工业	3604	226.0	16.8	11.3	57.5
食品制造业	1342	116.7	16.5	6.5	48.3
酒、饮料和精制茶制造业	794	67.6	14.0	2.8	41.8

资料来源：国家统计局，2021年4月

三、重点产品和重点领域情况

（一）重点产品情况

受新冠肺炎疫情导致生产消费模式改变、疫情防控常态化需求提升部分产品需求、国际贸易形势变化等因素的影响，我国食品工业各子行业主要产品产量呈现出不同趋势变化。2020年，全国19种主要生产食品中，10种产量同比增长，9种产量同比下降，其中，发酵酒精（折96度，商品量）、速冻米面食品增幅较大，分别为24.3%、10.2%；冷冻水产品、包装饮用水类、鲜、冷藏肉产量降幅较大，分别为12.9%、10.7%、10.0%，详见表5-5。

表 5-5 2020 年全国食品工业主要产品产量

序号	产品名称	全年产量（万吨，万千升）	同比增长（%）
1	小麦粉	8431.9	0.5
2	大米	10983.6	1.3
3	精制食用植物油	5476.2	2.5
4	成品糖	1427.7	-2.7
5	鲜、冷藏肉	2554.1	-10.0
6	冷冻水产品	702.0	-12.9
7	糖果	331.7	-0.4
8	速冻米面食品	334.3	10.2
9	方便面	556.8	1.0
10	乳制品	2780.4	2.8
	其中：液体乳	2599.4	3.3
	乳粉	101.2	-9.4
11	罐头	863.5	-7.9
12	酱油	700.8	3.7
13	冷冻饮品	213.8	-5.6
14	发酵酒精（折96度，商品量）	924.3	24.3
15	白酒（折65度，商品量）	740.7	-2.5
16	啤酒	3411.1	-7.0
17	葡萄酒	41.3	-6.1
18	软饮料	16347.3	-7.7
	其中：碳酸饮料类（汽水）	1971.3	4.7
	包装饮用水类	8685.9	-10.7
	果汁和蔬菜汁饮料类	1520.0	-7.7
19	精制茶	222.1	-8.0

资料来源：国家统计局，2021 年 4 月

（二）重点领域情况

1. 后新冠肺炎疫情时代我国婴配乳粉迎来破局发展的关键期

新冠肺炎疫情在全球范围的快速扩散和蔓延，对我国婴配乳粉行业带来了较大冲击。国内原奶价格持续上涨，原配料国际供应紧缺、面临

更多不确定性风险，行业企业生产运营成本增高、1—4月利润降幅近50%。但从全年看，我国乳制品供应链经受住了历史考验，全年产量、主营业务收入、利润总额均完成正增长，是国际乳业主要生产国中率先完成全面复工复产和加速发展的国家之一。由于全球新冠肺炎疫情仍在蔓延，在防控常态化形势下，国产婴配乳粉行业迎来重组和品牌重塑的关键时期，民族品牌如何破局发展值得重视。

乳品资源供应迎来变革，使得供给保障能力至关重要。主产国产能普遍下降，转向供给国内市场为主，寻求更加多元的国际来源。例如，俄罗斯4月颁布政府令，时隔六年再度允许自美国、澳大利亚等禁令国家进口乳清粉，用途仅限于生产婴儿食品。优质货品的稀缺性和来源集中度越发提高，产品份额进一步被美、新等国拥有强大生产及供应能力的大型企业占据。1—5月，美国乳制品出口量逆势同比增长10%，出口额同比增长12%，其中，乳清产品出口量同比增长17%。自新冠肺炎疫情发生以来，我国主要婴配乳粉企业持续通过并购参股、加强供应商合作、提前采购备货等方式，统筹国内国外两种资源，除提升原奶资源和注册配方数量外，较之疫情发生前，更加注重掌握先进技术设备、提高加工能力、保障原配料充足供应，特别是注重国际并购与合作。后新冠肺炎疫情时代，能否进一步建立以保障国内需求为核心，国内外"双轮驱动"的稳定供应格局，对国产品牌显得尤为重要，既是机遇也是考验。

进口品牌不确定性加剧，释放存量市场机会。全球新冠肺炎疫情暴发以来，欧美婴配乳粉工厂产能下降、货运周期延长、货运成本增加，导致终端产品消费价格提高、生产日期较为陈旧、部分品类供给不足，国产品牌更加受到门店渠道商青睐。随着新冠肺炎疫情在全球持续蔓延，产品安全性逐渐成为居民选择婴幼儿食品的首要考虑因素，近期国外部分食品供应链相继检测到新冠病毒，使得进口渠道质量风险加剧。1—7月我国婴配乳粉进口额同比下降5.2%，增幅较上年同期下降24.7个百分点，依存态势得到缓解。另外，据业界保守估计，通过代购、海淘、跨境电商等模式进入我国的产品规模可达20万吨/年，占市场实际需求量的20%。在国内消费规模相对稳定的情况下，旅行限制导致代购及海淘模式遇阻、海关进口和跨境购供货不及时与消费者顾虑等因素所释放的消费空白，为国产品牌提供了更多发展空间。

消费渠道格局发生变化,营造增量市场消费先机。自新冠肺炎疫情发生以来,大型商超专柜、主流电商平台、母婴店等由于供给稳定、消费信任等因素,在终端渠道占比逐步提升。婴配乳粉属于典型的用户黏性较强的消费产品,"第一口奶"成为行业经典战略之一,在全球新冠肺炎疫情防控常态化形势下,面对新一轮规模庞大的新生儿群体,国产品牌在供给速度、线上线下结合等方面具有明显优势,占据消费先机的机会更大。以飞鹤为例,通过线上持续开展星妈课堂、公益讲座等品牌活动,线下推广进一步下沉、网格化,取得覆盖超过 119000 个零售网点的成绩,1—6 月实现主营业务收入同比增长 48%,其中,高端婴配乳粉系列同比增长 73%,在我国婴配乳粉市场占有率由一季度的 13.4% 增长至二季度的 14.5%。2020 年 9 月,天猫发布数据,新冠肺炎疫情发生以来,该平台国产品牌母婴产品总体销售额同比增长了 107%。此外,连锁化母婴门店加快发展,将有助于促进区域品牌、三四线城市消费市场的进一步发展。

品牌竞争态势更加明显,产品创新作用越发突出。后新冠肺炎疫情时代,预计我国将有 1/3 以上的中小企业、门店,乃至部分渠道商、品牌商、经销商被淘汰出局,行业整合速度将进一步加快,迎来新的战略重塑和发展机遇期。自新冠肺炎疫情发生以来,主要企业持续加码产品创新和品牌布局工作,呈现集中爆发态势。配方优化升级调整,蛋白奶源优化、主打配方融合等新举措不断涌现。4 段粉、儿童粉等领域加速布局,飞鹤茁然、君乐宝小小鲁班等新品集中推出。伊利《中国母乳研究白皮书》发布,合生元 HMO 婴配乳粉在海外正式上市、进一步发展国际市场,陕西乳企和氏、羊滋滋推出羊乳配方粉新产品,中牧集团新西兰工厂 A2 蛋白产品面世,企业品牌特色、地域特色得到更好体现。

2. 推进农产品精深加工成为实现食品工业高质量发展的重要方面

我国历来高度重视推进农产品精深加工和促进三产融合发展。其中,以第二产业的食品工业带动农产品精深加工,提升食品工业原料供应保障能力,促进一二三产业融合发展,具有良好的比较效益和推广潜力;对保供给、调结构、惠民生,调节新时期城乡、农工关系,促进以国内大循环为主体的双循环新发展格局,也具有重要作用。

我国农产品加工业发展快速,已成为国民经济重要支柱产业。2020

年我国农产品加工业主营业务收入超过 23.2 万亿元，同比增长 5.5%，农产品加工转化率达到 67.5%，科技对产业发展的贡献率达到 63%。供给结构持续优化，优势产业继续较快增长，新兴和传统特色农产品加工产业继续追赶式发展。饲料加工、植物油加工、乳品加工等保持中高速增长，态势稳定。产业融合发展趋势明显，农产品加工业与农业、流通、休闲旅游、科技教育和电子商务等产业深度融合，催生大量新产业、新业态、新模式。越来越多的加工企业和加工合作社与小农户建立了稳定订单、保底收益、按股分红和社会化服务等利益联结机制。超过 50%的农产品加工企业已通过前延后伸构建全产业价值链，成为乡村产业融合发展的主导力量。产业政策体系不断完善，国务院办公厅出台《关于促进农村一二三产业融合发展的意见》《关于支持返乡下乡人员创业创新促进一二三产业融合发展的意见》《关于进一步促进农产品加工业发展的意见》，农业农村部编制印发《"十三五"农产品加工业与农村一二三产业融合发展规划》，工业和信息化部牵头编制印发《食品工业带动农产品精深加工典型模式培育和推广办法》，构建了促进一二三产业融合发展的政策体系。

农产品精深加工仍存不少发展短板。农产品加工体系大而不强，企业规模普遍偏小，产业集中度不高，缺乏引领带动的龙头企业，产业加工体系不够完善，我国农产品加工和农业产值比约为 2.4∶1，尚低于发达国家 3.4:1 的比值。精深加工发展仍有明显欠缺，农产品初加工、精深加工和副产物综合利用加工发展不平衡、不充分，一般性、资源性的传统产品多，高技术、高附加值的产品少。农产品产地普遍缺少储藏、保鲜等加工设施，产后损耗大、品质难保障。同时，加工专用品种选育和原料生产滞后，加工原料品质亟须提高，农药兽药残留超标、存储不当造成微生物污染等影响农产品加工原料品质的因素仍需克服，高品质加工原料供应与市场需求之间尚未完全匹配，分散生产与集中加工的矛盾突出。质量标准体系认证率总体较低，对贸易壁垒等风险抵抗能力较弱，出口成本增高。融资难、融资贵、生产和流通成本高等外部环境制约依然突出，产业规模扩张受到制约。随着大宗原料市场国际化步伐的加快，导致进口冲击和价格波动加剧，而国内谷物及肉奶产品等大宗农产品普遍缺乏国际竞争力，同类产品的国内外价格差不断增大，进口压力不断加大，产品市场受到挤压。

立足新发展阶段，推进农产品精深加工工作，尚需从多方面重点推动。

一是完善有关扶持政策，推动专用原料基地建设，在税制设计上向初级农产品生产者倾斜，惠及下游农产品加工行业，扶持大批具有竞争力的农产品加工企业，对农产品价格应采取稳妥的保护政策和适当的补贴支持，保障农民收入。二是加快科技创新，推动农产品新品种研发、筛选与引进，加快适用与我国生产实际相关的农机装备研发项目，推进农机化科技创新，大力增加高效、节本、绿色、智能机械的有效供给，提升技术集成配套和推广应用水平，搭建育种创新和技术转化平台，培育国内市场短缺品种和优质的食品加工业专用品种。三是完善产业融合利益联结机制，引导食品加工龙头企业在平等互利基础上，与广大农户、家庭农场、农民合作社签订专用农产品种植和购销合同，合理确定收购价格，形成稳定购销关系，建设专业化、标准化、规模化、集约化原料生产基地。支持龙头企业牵头，与广大农户、家庭农场、农民合作社分工协作，创建要素优化配置、生产专业分工、收益共同分享的农业产业化联合体，创建原料基地加工能力强、产品质量高、品牌效应大的示范联合体。四是强化服务体系建设，建立健全技术推广、职业培训等社会化服务体系，切实加强对农产品加工业的服务，为农产品加工业的健康发展奠定坚实的基础，鼓励各类服务机构，围绕农产品加工业发展的需要，开展行业服务，促进行业管理和服务逐步规范化。逐步建立标明产成品产地、质量、标准的等级标识制度。加快建立和完善覆盖面宽、时效性强的国家与地方农产品市场信息网络，拓宽信息的收集和发布渠道，为农产品加工企业提供及时准确的信息服务。

第二节　存在问题

一、全球新冠肺炎疫情持续蔓延，对进出口贸易产生影响

一是基本生产原料保供问题。自新冠肺炎疫情发生以来，由于担心出现食品短缺，居民对粮油、方便食品等出现明显囤货现象，其中，据不完全统计，1—2月我国食用油脂消费量上涨200%。从整体看，我国小麦、大米、猪肉等"基本口粮"自给率达90%以上，本土加工率高、供给能力充足，同时，要密切关注大豆、玉米、蔗糖等原料国的新冠肺

炎疫情发展对国际价格、贸易和港口物流的影响，预防价格波动、阶段性短缺等问题的出现。

二是食品配料进口问题。我国在益生菌株、发酵菌株、氨基酸菌株、功能油脂、酶制剂等方面缺乏自主产权，主要产品进口率在70%以上，对下游产业影响巨大，在新冠肺炎疫情防控常态化形势下，应及时做好存量和供应摸排工作，提前做好订单、仓储等准备。

三是婴配乳粉行业供应链难以保障问题。重要原配料国际合作紧密、进口依存度高。目前，面临主产国停工减产、物流运转不力、质量降低等问题，特别是乳清粉、乳清蛋白粉等大宗原料一旦出现短缺或禁售惜售现象，可能出现较2018年配料订单荒更为严峻的局面，造成国内婴配乳粉企业较大面积减产、停产。同时，欧美婴配乳粉工厂自身的产能下降、进口周期延长、货运成本提高，可能导致市场消费价格大幅提高、部分品类供给不足。

四是出口方面问题。随着国际新冠肺炎疫情蔓延，水产加工等主要产品出口普遍面临订单减少或取消、查验和管控加强、渠道受阻等问题，导致成本增高，且订单违约或取消等不确定性风险加剧。

二、冷链物流发展不足，对促进双循环发展构成制约

我国冷链物流发展严重不足。易腐食品需要冷链物流，发达国家的易腐食品综合冷链流通率达85%以上，有些国家甚至高达95%~98%。我国人均易腐食品占食品总消费量的比重达60.6%，总量超过3亿吨，但综合冷链流通率不足20%，为食品安全埋下了严重隐患。产品消费前的物流过程中腐损更为严重。以果品蔬菜为例，冷链流通率仅为22%，冷链运输率为35%，预冷保鲜率不足10%，损耗率达25%~35%，年直接经济损失超过700亿元。

从现有冷库区域分布看。大多集中于经济比较发达的东部沿海地区，中西部瓜果和牧业主产区的冷库严重短缺。从冷链物流车辆保有量看，我国易腐食品年消费总量达世界第一，采用公路货运占比超过90%，全国公路冷藏车保有量为9.3万台，尚不足美国、日本的1/2。造成冷链运输率低的重要因素：一是我国与加拿大等国统一建立国家冷链物流运输走廊的方式不同，我国在冷链运输上多依赖物流企业或需求企业自

建。目前，我国道路运输成本较高，大中型城市对物流车辆限制较多，冷链物流企业营收能力不足，无法投入大量资金进行设施建设。二是冷库建设运营成本高，冷库短缺地区的企业普遍缺乏自建冷库的资金实力。

冷链物流技术研发和应用落后，冷链设施供给能力不足。一是技术创新基础薄弱。以果蔬保鲜为例，我国专利申请数量庞大，2014 年以来的申请量占到同期全球总量的 1/3 以上，但成果转化率低、影响力弱，向外申请专利仅为 2.9%，全球保鲜专利申请竞争力前 20 强中没有中国申请人，排名较靠前的中国申请人集中在高校或科研院所，企业申请专利数量很少，产业升级发展后劲不足。二是应用设施类型落后。现有冷库大多是以冷冻和仓储为目的而建，设备老旧、温区比例严重失衡，装配式立体化冷库不足 20%。三是在对标欧、美、日等发达经济体对易腐食品实行冷链全程温度信息化管理方面，我国在运的部分老旧冷藏车型没有配备温度检测装置，无法对其实际运输过程进行追溯。

未形成强有力的冷链物流标准体系和管控规范，需求市场不旺。一是标准的系统性和约束力亟待提高。现行相关国标、行标、地标达 200 余项，交叉重复较为严重，未形成强有力的标准体系。二是标准主要集中在储运环节，缺乏对预冷等"最先一公里"、配送零售等"最后一公里"、批发交易等环节的标准化管控，对中心温度等食品关键限值管控不足。在服务规范体系方面，对司机等物流链主体人员的标准化操作管控不足。三是分类指导科学性不强，针对不同类别食品标准较少，参数设定宽泛，无法对温控进行严格量化评价。

对运输环节及车辆的有效监管不足。一是运输车辆控温性能参差不齐，部分易腐食品实际使用的是未经资质认证的社会车辆或二手冷藏柜改装车辆，有些车辆甚至没有制冷设备，从而为产品质量安全埋下隐患。二是温控断点现象突出，在农贸市场、交易中心等大型中转场所，配套设施和人员控温意识不足，导致产品间断性脱离温控环境。

三、保健食品国际化发展加快，相关并购风险需谨慎

我国保健食品市场规模快速发展，年销售额已超过 5000 亿元，蕴藏的巨大潜力引发国内外产业界关注。一方面，许多国外大品牌以品牌代理、加工合作及跨境电商等方式陆续进入我国消费市场。另一方面，

随着部分本土企业逐步发展壮大，开始出现较大规模收购、控股国外知名品牌，进而快速获得市场准入资质、提升自身实力、完善业务布局。国际合作模式向对外并购为主转变，并购数量和交易额同步增长，由收购生产线、实现行业准入向并购、控股国际知名企业发展，品类从膳食补充剂、功能性饮料等传统领域向运动营养、肠道健康等新兴领域拓展。

近年来，一些合资企业之间纠纷屡见不鲜，在我国保健食品行业发展早期，由于行业分类尚不清晰、市场规模相对较小，许多国外企业曾寻求将有关产品引入我国，在资质审批、市场推广等方面并不顺利。一方面，一些合资类公司成立以来，通过深耕市场，不断发展壮大，但由于历史原因，一些合同条款及其法律效力需要重新认定考量，特别是商标使用、技术工艺等方面的授权约定。另一方面，我国保健食品行业蕴藏的巨大潜力引发各界关注，投资建设不断加码，争议本身也是市场竞争的一种体现。

在近年来国际并购与合作逐渐增多的大背景下，由于收购估值不准确、政策或市场变化、资产稳定性不足等因素，往往造成企业高额资产或声誉受损，未能达到收购预期。一方面，大额并购导致企业短期偿债压力较大，对市场推广和品牌建设等经营性活动造成一定限制。另一方面，并购投资所产生实际收益较之预期目标往往存在一定滞后性和差异性，带来相关风险。以某公司向外并购为例，目前，向外并购厂线80%销售收入产生在境外，但40%融资为境内融资，融资和还款存在一定不匹配现象，易受汇率波动等因素影响。同时，根据项目融资过程中的对赌协议，若该公司未能如期进行符合条件的上市，融资方将按7%单利年回报率进行股份赎回，届时公司资金方面的负担将更加严峻。在上述案例中，品牌并购未改变原有生产销售体系，自主可控仍存风险。被收购品牌仍以海外各原有原料供应商为主要供货方，易受国际经贸摩擦、新冠肺炎疫情蔓延等因素影响。同时，在原料供应和研发创新方面产生较高的依赖度，不利于产业发展进步。促进消费方面，由于国内外市场存在一定差异，收购品牌的成熟产品进入我国市场，并不完全适合我国居民营养需求。同时，在消费渠道、包装设计、消费培育方面存在差异，原有营销模式不一定符合我国消费者习惯，产品销售额提升和渠道建设仍需从多方面深入推进。

第六章 电池储能行业

第一节 发展情况

一、运行情况

(一) 碳达峰碳中和目标明确后储能产业战略地位凸显

2020年9月22日，在第75届联合国大会期间，中国提出二氧化碳排放力争于2030年前达到峰值，努力争取2060年前实现碳中和。实现碳中和的愿景将加快全球及我国能源革命和电动汽车革命进程。党中央、国务院高度重视能源产业发展，将储能发展作为未来一个时期能源工作的重要方面。当前新一轮世界能源革命正在兴起，推动着能源结构转型，能源清洁低碳发展。从未来发展看，强大而运转有序的储能体系将成为构建我国"清洁低碳、安全高效"现代能源体系的重要一环，推动可再生能源可控制、可调度，实现新能源系统整体繁荣。储能产业由于其具有数字化、泛在化、融合接口多的潜在优势，必将成为推动我国能源消费变革，实现新生活方式、生产方式、交通方式向数字化、互动化转型发展的基础载体。

(二) 市场规模不断扩大

根据中关村储能产业技术联盟不完全统计，截至2020年年底，我国已投运储能项目累计装机规模35.6GW，占全球市场总规模的18.6%，

同比增长9.8%,涨幅比2019年同期快6.2个百分点。其中,抽水蓄能的累计装机规模最大,达到31.79GW,同比增长4.9%;电化学储能的累计装机规模位列第二,为3269.2MW,同比增长91.2%。在各类电化学储能技术中,锂电储能的累计装机规模最大,为2902.4MW,较2019年年底翻了一倍。从技术路线和装备发展水平看,锂电储能优势明显,已逐渐抢占市场先机。与传统的抽水蓄能相比,锂电储能不受地形影响,且响应时间短、充放电速度快、综合效率高、技术适应性更强,在近两年新增储能装机中锂电储能占比超过70%。此外,随着锂电池骨干企业迅速成长,锂电储能产业配套能力不断增强,规模经济效应日益显现,系统成本大幅下降,锂电储能应用的经济性变得更加可行。

(三)产业基础进一步夯实

受益于新能源汽车的拉动,锂电池行业迅猛发展。我国锂电储能技术持续进步,产业规模全球领先。全球锂电池前10企业中,我国有宁德时代、比亚迪等5家企业,且配套产业链非常完善。我国锂电池行业在磷酸铁锂、三元锂电池技术方面都具有一定优势,尤其是固有安全性更高、更适合储能的磷酸铁锂产业方面,我国企业占据绝对优势,产量全球占比接近100%。近年来,我国锂电池行业骨干企业高度重视创新能力建设,宁德时代、国轩高科、天津力神等企业先后研发出能量密度超过300Wh/kg的单体三元电池,国内磷酸铁锂电池单体能量密度已经突破190Wh/kg,均达到国际先进水平。宁德时代提出CTP成组技术,比亚迪推出刀片电池,两家企业从不同角度提高电池包体积利用率,提升系统能量密度,降低生产成本。

二、重点领域发展趋势与展望

(一)锂电储能产业将迎来爆发式增长

"十三五"时期,我国锂电储能技术持续创新、厂商加紧布局、应用在不断深化、业务快速发展,锂电储能产业开始步入商业化初期阶段,锂电储能对于能源体系转型的重要作用已经显现和初步验证。展望"十四五",随着新基建、能源变革、电气化进程、大规模可再生能源的接入和电力体制改革的进一步深化都将给储能产业和市场创造巨大的商机，锂电储能将迎来爆发式增长。

"十四五"绿色低碳发展将加快拉动锂电储能产业扩张，随着寿命和安全性能的持续提升、成本的持续降低，锂电储能在电力系统和新基建相关领域的需求越来越大，预计到 2025 年我国锂电储能累计装机规模将达到 50GW（包括储能电站、5G 基站和新基建其他领域等），市场空间超过 1000 亿元。据估算，2030 年、2035 年我国锂电储能累计装机规模将分别达到 250 GW、600 GW，见图 6-1。

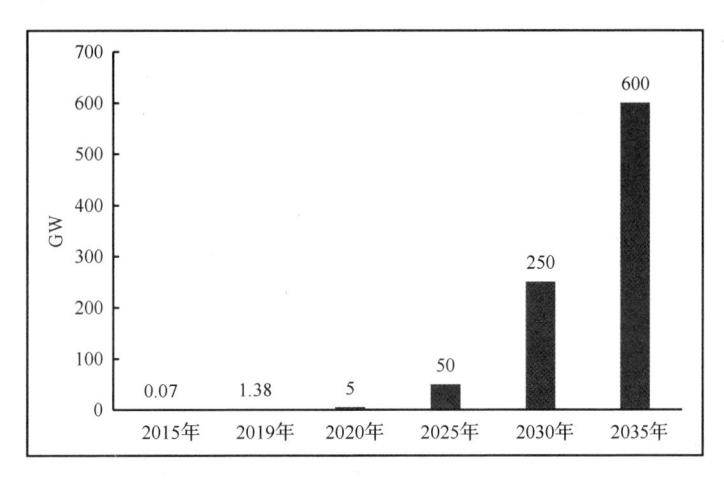

图 6-1 锂电储能累计装机规模
数据来源：中关村储能联盟，赛迪智库整理，2021 年 4 月

（二）长寿命高安全性磷酸铁锂电池是未来储能市场主力军

目前商用锂电池正极材料主要有锰酸锂、磷酸铁锂、三元铁锂，储能电池相比消费类电池和动力电池，对能量密度要求一般不高，但是对安全性和使用寿命的要求较高。相较于其他体系电池，磷酸铁锂电池具有高安全性、长循环寿命和低成本的优势，更符合储能电池需求。无论是从目前的应用情况还是从发展趋势来看，未来储能市场的主力军将是磷酸铁锂电池，特别是长寿命磷酸铁锂电池（循环寿命≥6000 次）是锂电储能系统发展的主流方向。

磷酸铁锂电池成本大幅下降后正在迅速替代传统铅酸电池。今年以来，中国移动、中国铁塔等公司基站用储能电池的招标大部分选用磷酸

铁锂电池。如表 6-1 所示，磷酸铁锂电池的能量密度可以达到铅酸电池的 4 倍，循环寿命也是铅酸电池的 4 倍以上，能量转换效率更高，而且更加环保，单次循环使用成本不到铅酸电池的 1/3，替代铅酸电池是大势所趋，见表 6-1。

表 6-1 磷酸铁锂电池安全性和使用成本均具有明显优势

参数	磷酸铁锂电池	铅酸电池	三元电池
输出电压（V）	3.2	2.0	3.6
能量密度（Wh/kg）	120~160	30~40	150~200
转换效率（%）	97	80	97
循环寿命（次）	>2000	300~500	1000 左右
价格（元/Wh）	0.5~0.6	0.4~0.5	0.65~0.7
单次循环使用成本（元/kWh）	0.25~0.3	0.8~1.0	0.65~0.7
大电流快速充放电性能	满足	不满足	满足
安全性	好	好	不好

数据来源：华安证券，赛迪智库整理，2021 年 4 月

（三）锂电储能系统成本快速下降，低价竞争将成为常态

过去几年，由于新能源汽车产业的快速发展，带动了锂电池产业链的成熟，锂电池成本以每年 20%~30% 的速度迅速下降。彭博新能源财经调查数据表明，受益于锂电池的成本下降，锂电储能系统的成本已从 2012 年近 800 美元/kWh 降至 2018 年年底的 187 美元/kWh，下降幅度为 76%。据 Wood Mackenzie 的分析报告，到 2025 年锂电储能系统的成本将以每年平均 6%~8% 的幅度持续下降。国内磷酸铁锂电池价格已降至 0.5~0.6 元/Wh，在储能领域应用的经济性更加可行。业内一般认为 1.5 元/Wh 的系统成本是储能经济性的拐点，特别是对于能量型的应用如峰谷套利、新能源配套等，实际上锂电储能系统成本在 2018 年年底已经突破这一经济性拐点，锂电储能的一些商业用途已经变得经济可行。

由于锂电储能系统成本的迅速下降，储能市场未来将构成一个激烈的竞争环境，可能导致低效率的储能厂商无法在市场中有效竞争，而对于那些系统集成能力强、在成本和性能上有优势的大厂商是有利的。见表 6-2，根据青海省 2020 年光伏竞价项目储能系统采购中标公示显示，

见表 6-2，比亚迪夺得两个标段总计 85MW/170MWh 的储能系统，系统成本最低单价仅为 1.060 元/Wh。招标内容包含储能系统所需全套设备的供货，包括磷酸铁锂电池、PCS、BMS、EMS、汇流设备、变压器、集装箱内的配套设施并负责交货到项目安装、调试及相关技术服务。中标结果显示，前三名储能系统投标价格分布在 1.060～1.231 元/Wh 之间，竞争激烈，市场洗牌即将到来。

表 6-2 青海省 2020 年光伏竞价项目储能系统采购中标公示

项目名称	项目规模	投标单位	投标价格（万元）	投标单价（元/Wh）
标段一 海南州	65MW/130MWh	比亚迪	13780.00	1.060
		力神电池	14752.96	1.135
		阳光电源	15998.83	1.231
标段二 海西州	20MW/40MWh	比亚迪	4398.28	1.100
		力神电池	4540.95	1.135
		海博思创	4583.24	1.146

数据来源：赛迪智库整理，2021 年 4 月

（四）车网融合移动储能空间巨大，技术和商业模式是关键

电动化已成为全球汽车行业发展的大势，推动汽车电动化进程不但对环境产生直接的正面影响，也为能源系统清洁转型带来重大契机。未来，数量巨大的电动汽车充电设施接入电网后会对电力系统产生极大的影响。当高峰期电动汽车充电设施进行集中充电时，可能会导致电网容量不足的情况发生，影响电网的安全稳定运行。这时候，通过有序充电、车电互联（V2G）、电池更换（换电模式）、退役动力电池储能等方式，大量电动汽车可作为分布式移动储能单元，为电力系统提供可观的灵活性资源，既可以有效、合理地分散电动汽车的充电负荷，又能够平衡峰谷用电实现收益，还可以有效提升电力系统对波动性可再生能源的消纳能力。

《新能源汽车产业发展规划（2021—2035 年）》提出加强新能源汽车与电网（V2G）能量互动，促进新能源汽车与可再生能源高效协同。从发展规模看，目前我国新能源汽车动力电池累计装机量超过 200GWh，

远超电化学储能容量。到 2035 年，全国电动汽车保有量有望达到 1 亿辆，动力电池保有容量有望达 5000GWh 以上，退役动力电池有望达 500GWh/年，若能够实现在储能领域充分融合调度，车网融合移动储能完全有能力与大规模可再生能源形成供需协同，对我国能源结构转型和能源革命形成有力支撑。目前，车网融合移动储能尚处于起步阶段，技术突破和商业模式是关键，需加强高循环寿命动力电池技术攻关，积极开展 V2G 示范应用，统筹新能源汽车能源利用与风力发电、光伏发电协同调度。南网电动联合比亚迪和滴滴出行在国内率先开展了电动运营车辆的移动储能研究与示范，有望推动车网融合技术进步，形成新模式与新业态，电动汽车参与储能运行的主要模式，详见表 6-3。

表 6-3　电动汽车参与储能运行的主要模式

主要模式	具体内容
有序充电	通过有序充电控制策略，实时预测配电负荷变化，基于用户用车时间和充电需求，在保障电网安全运行的条件下统筹开展车辆协同调度，调整充电日期、时间和功率，实现主动优化调配充电负荷
车电互联（V2G）	在保障车辆行驶所需电能情况下，车电互联模式可将动力电池富余电能反送电网，从而实现与固定电池相似的储能作用。长循环寿命动力电池是电动汽车与电网能量互动的关键基础
换电储能	换电模式实现车辆与电池分离，为电动汽车电能的快速补充提供了可能，同时也最大程度释放了车载动力电池的储能潜力，从车辆卸载的电池可以根据电力系统的调峰需求随时进行充放电，此时动力电池储能类似于固定电池储能电站
退役动力电池储能梯次利用储能	一般当动力电池衰减到初始容量的 80% 以下后，出于安全性和续航里程等方面的考虑，不再适合在电动汽车上继续使用。通过检测和一定的修复处理后，退役动力电池可以应用到储能电站、通信基站、备用电源、用户侧光伏+储能系统等多个储能场景

数据来源：赛迪智库整理，2021 年 4 月

第二节　存在问题

一、政策和机制有待进一步健全完善

一是储能产业的发展战略和路线图不清晰。发展储能尚未上升到国

家战略层面，尤其是在能源转型和能源革命背景下，以及实现碳中和目标的要求下，对发展储能的战略意义、战略规划和技术路线图缺乏系统深入的研究和认识。二是储能政策机制受制于电力体制改革进程。储能系统自身不产生电能，需要依附于发电站或电网运行，本质上储能产业发展需要配合电力、光伏与电动汽车等诸多产业，融合能源和交通领域。因此，只有随着电力体制改革的不断深入、市场机制和价格机制的不断完善，才能在整个能源系统形成跨界融合互动的协同效应，催生出台真正能够推动储能产业爆发的政策机制。三是政策实施以被动应对为主，尚未形成有效的协同机制。虽然国家和地方出台了一系列与储能有关的政策措施，但目前储能还没有被真正作为一个独立完整的产业加以足够重视，管理部门和电力系统都没有形成有效的协同发展机制。

二、技术稳定性和安全性有待进一步提升

一是技术成熟度和适用性仍需进一步强化。除抽水蓄能外，其他类型的储能技术处于应用示范阶段或大规模应用起步阶段，仍需要滚动研发和工程优化的验证完善过程。面对越来越大的市场需求以及不断涌现的新场景、新挑战，需要基于不同技术路线持续开发大容量、低成本、长寿命、高效率、高可靠性与高安全性的先进适用技术。二是储能电站运营管理不完善。目前很多储能项目运营管理和优化调度有待提升，轻则影响运行效果和经济收益、减少系统使用寿命，重则引发事故，威胁电网完全。三是电池储能系统安全性存在隐患。缺乏有效的安全标准规范、消防安全评估不足、预案措施缺位、项目系统集成水平低等原因增加了储能电站安全风险。储能电站的热失控有可能引发系统连锁反应事故，由电池热失控引起的火灾很容易蔓延至变压器和线路等设备，影响区域供电可靠性。

三、商业模式不健全

一是电池储能成本虽大幅下降，但仍然偏高。成本一直是制约储能实现商业化和规模化发展的痛点，目前锂电储能综合度电成本为0.4~0.5元/Wh，项目盈利性不足，导致市场投资者积极性不高，还需要市

场机制、技术创新和相关政策的大力支持。二是成本效益如何分摊存在困难。由于发电、输电、配电和用电均能从储能的应用中受益，而且在不同的应用场景中各方收益的差异很大，给储能项目的成本效益核算与分摊带来困难，按效果付费的买单机制尚未形成。三是商业模式没有体现储能的多元价值。一方面，对储能电站的价值评价不全面，一些效益无法量化，无法充分反映储能电站实际价值。另一方面，在用户侧，储能收益方式单一，盈利很大程度上依赖峰谷价差；在电网侧，储能投资和回收机制不清晰，成本无法通过有效的机制进行疏导，限制了电网侧储能的进一步发展；在电源侧，有利于储能发挥技术优势的电力市场机制尚未形成。适用于储能的市场机制和交易规则亟待完善，还不能充分体现储能提供各类服务的多元价值。

区域篇

第七章

东部地区

第一节 典型地区：浙江省

一、发展经验

（一）从抓创新载体建设入手，提升产品创新设计能力

浙江省以创新改革、做强产业链为目标，指导消费品工业领域企业设计院、研究院建设。两家企业技术中心入选国家级企业技术中心，桐乡毛衫时尚产业创新服务综合体、温州瓯海眼镜产业创新服务综合体等36家机构列入浙江省产业创新服务综合体创建名单，浙江省先进印染制造创新中心列入浙江省制造业创新中心培育创建名单，11个园区入选国家级纺织服装创意设计试点园区（平台）。加快余杭艺尚、诸暨袜艺、海宁皮革等26个消费品工业领域特色小镇建设，打造集创意设计、检验检测、品牌展示等于一体的"三品"战略推进平台。

（二）从抓"浙江制造"和质量提升入手，提高产品质量和品质

通过传统产业改造提升，引导制造业企业专注创新和质量，在细分产品领域培育全球市场、技术等方面领先的单项冠军，提升消费品工业国际竞争力，促进产业整体迈向全球价值链中高端。目前，浙江省消费品工业正加快由制造向智造、数量向质量、产品向品牌的方向转变，龙头企业加快发展，数字化转型持续推进，个性化定制、柔性化生产"智造"新模式成效初显。已有"雄鹰行动"培育企业24家，培育制造业

单项冠军示范企业 5 家,"隐形冠军"企业 9 家,浙江省数字化车间/智能工厂 44 家,工信部智能制造试点示范项目 6 个;数字化智能化制造平台"犀牛智造"落地应用;部分龙头企业实现个性化、定制化转变;28 家企业入选中国服装行业百强,18 家企业入选中国轻工业百强。

(三)从抓重点品牌企业入手,提升品牌影响力

浙江省围绕浙江消费品领域品牌特色,以品牌意识为主导,夯实品牌发展基础,提升产品附加值和软实力,积极开展时尚品牌活动,构建重点消费品推荐网络,形成消费品领域品牌体系,推动产品向中国知名、世界知名转变。约 120 家企业入选"品字标浙江制造"名单。18 家企业入选工信部印发的《重点跟踪培育纺织服装品牌企业名单(2020 版)》,企业数居全国首位。时尚产业重点企业通过自有平台或电商平台,基本实现了网上销售。线上线下从独立发展走向无缝链接,企业围绕"体验"场景进行变革,多品牌店、买手精品店以及各类品牌集合店不断涌现,实现了品牌跨界聚合效应。

二、启示与建议

(一)加强品种开发能力提升

一是鼓励企业大力开发新品种。引导企业以个性化、时尚化、功能化和绿色化为主旨,开发纺织、服装、皮革、塑料和家居等传统优势领域中高端产品;推动开发安全、健康的食品药品和可穿戴消费品等新兴产品。二是增强企业设计研发能力。加快培育消费品工业国家制造业创新中心、国家和省级企业技术中心和重点企业研究院等企业创新体系,增强企业创新能力,集中攻克一批制约行业发展的核心技术。三是推进创意设计平台建设。充分发挥国家和省级两个平台的辐射和示范带动作用,指导消费品工业"三品"战略示范城市、纺织服装创意设计园区(平台)等国家级时尚发展平台建设,推进时尚特色小镇的建设和内涵式发展,培育和建设一批高质量的时尚产业发展平台。四是培育细分产业领域市场"单项冠军"。建立单项冠军企业培育库,实施单项冠军定期发布机制,加快培育单项冠军企业。推动中小微企业"专精特新"发展,

着力支持中小微企业专注细分产品市场的创新。

（二）加强标准和质量水平提升

一是推进"浙江制造"标准体系建设。大力实施"标准化+"行动计划，制定一批"浙江制造"标准，加快构建覆盖主要消费品的"浙江制造"标准体系。二是推进新智造。深化新一代信息技术与制造业融合发展，推进新智造，实施"5G+工业互联网"工程，推广个性化定制、网络化协同、智能化生产、服务化延伸、数字化管理等新智造模式，提高企业制造能力和产品品质。在服装、家电、家具等消费品行业培育一批个性化定制和远程运维服务试点企业。三是推进产品质量追溯管理。实施企业管理创新工程，推广精细化管理、卓越绩效管理和信息化管理等先进质量管理模式和管理体系，培育一批管理创新试点示范企业和质量标杆企业。在食品、药品和婴童用品等领域推广覆盖产品全生命周期的产品质量追溯管理体系。

（三）加强品牌竞争力提升

一是推进品牌建设。鼓励各地根据消费品领域产业集群优势，打造区域特色品牌。围绕消费品领域品牌特色，构建省级重点消费品推荐网络，形成消费品领域品牌体系。二是培育龙头企业。实施"小升规""雏鹰行动""放水养鱼"和"雄鹰行动"四大行动，培育"隐形冠军"、专精特新"小巨人"、单项冠军、"雄鹰企业"和"链主企业"，不断壮大市场主体，引导企业做精做专、做优做久。三是创新品牌营销模式。拓展浙江制造数字化营销渠道，充分发挥"春雷计划"和"严选计划"的带动作用，提升浙江制造工业品的线上营销渗透率。

第二节 典型地区：福建省

一、发展经验

（一）抓品种创新

突出市场需求导向，引导纺织鞋服、食品等传统产业与工业互联网融合创新，鼓励企业应用工业互联网推广个性化定制、柔性化生产，加大应用大数据分析，面向用户获取个性化需求和订单，扩大适销品种，调整产品结构，培育壮大优势产业规模，将产能优势转化为市场竞争优势。纺织行业已建成全国最大的锦纶民用丝、化纤混纺纱等生产基地，涤纶、粘胶等化纤混纺纱产量位居全国首位；制鞋业已建成全国运动、旅游和休闲等鞋类生产集中的先进制造基地，鞋类主营收入、出口规模等居全国前列；食品工业产业规模跃居全国第五位，18类主要食品产量居全国前十，其中罐头、冷冻水产品和糖果产量居全国第一，果汁和蔬菜汁饮料类、精制茶产量居全国第三，鲜冷藏肉产量居全国第五。由于"宅"经济的扩展，特别是2020年以来受疫情影响，省内较多食品企业加快向方便的健康食品转型，骨干食品企业纷纷推出跨界产品，均取得较好反响。

（二）抓品质提升

突出消费升级导向，强化标准引领，深化企业技术改造，重点支持纺织鞋服、食品等行业全流程数字改造、智能升级，引导企业应用工业互联网强化产品研发、协同制造和供应链管理等，推进生产企业节能降耗、降本增效，引导产品生产向价值链中高端攀升，持续提升消费产品供给品质，以消费升级促进产业升级，以产业升级助推消费升级。纺织鞋服产业着力做大做强上游原料产业，补足补强中端织造染整环节，并延伸拓展下游产业链，重点攻坚高端面料供给短板，持续推进印染行业改造提升。凤竹纺织和宏港纺织等企业进入2020年中国印染企业30强名单，石狮市46家印染企业耗水量3年减少2800多万吨，总能耗下降11%。注重食品产业生态化、特色化发展，在全国率先出台生态食品、生态海盐等行业团体标准，推进重点企业开展国际对标，培育壮大一批行业绿色发展龙头示范企业。积极参与婴幼儿配方乳粉质量安全追溯体系建设试点、全国肉制品工业追溯体系建设等活动，引导企业诚信经营、规范生产，落实食品安全主体责任，加强食品工业企业诚信体系建设，已通过评价企业数87家，居全国第一。

（三）抓品牌建设

突出特色品牌引领，强化龙头品牌带动，打造区域产业品牌，提升纺织鞋服、食品等区域品牌影响力和产业整体竞争力。近年来推进晋江、莆田和长乐等依托纺织鞋服的优势产业，成功创建全国消费品工业"三品"战略示范城市。重点推进泉州市品牌培育走在全省前列，全市拥有中国驰名商标72件、中国名牌23个，晋江成为全国驰名商标最多的县级市，培育形成一批知名服装品牌，其中安踏成为进入"2020全球最具价值品牌500强"的唯一中国体育用品品牌，特步、361度等入选"2020年中国品牌价值500强"，劲霸男装连续17年居全国男装第一价值品牌。加快培育漳州食品名城、晋江休闲食品名城、龙海休闲食品城、光泽中国生态食品城、永春中国红曲醋都等特色产业名城，组织省内15家品牌食品企业参加第29届中国食品博览会暨2020年食品工业"三品"成果展等重点展会，有力提升行业品牌影响力和竞争力。加大品牌促销，打造消费热点，创新举措畅通产业链供应链循环，推动各地以消费品工业为主，举办福建好鞋网购节、石狮好货818直播节、龙海休闲食品直播、永春老醋品牌直播等线上线下品牌促销活动50多场，带动销售（含意向）1000多亿元。同时，引导有实力的企业积极拓展海外市场，构建形成以国内大循环为主体、国内国际双循环相互促进的新发展格局。

二、启示与建议

（一）深化"增品种"，补足补强高端配套

着力优化福州、泉州、莆田等区域布局，持续做大做强纺织鞋服上游原料产业，补足补强中端织造染整环节，并延伸拓展下游产业链，重点攻坚高端面料供给短板，促进纤维材料向多结构、多功能、超性能、智能化和绿色化方向发展，并积极开发产业用纤维，发展再生功能性聚酯和生物基聚酯材料、水溶性维纶纤维等，填补高性能关键战略纤维材料空白，打造世界级化纤新材料产业基地。加强构建完善闽西北生态食品集聚区、闽东南休闲食品集聚区、海洋食品产业带、粮油加工产业带、茶酒特色产业带等产业布局，并加快推进一二三产业融合，打通食品工业与原料供给、装备制造和现代物流等产业链上下游环节，进一步延伸

产业链、提升价值链和打造供应链。

（二）深化"提品质"，提升终端供给水平

全力引导实施技术改造、智能升级，加快推进纺织鞋服行业省级绿色制造创新中心建设，扎实推进长乐等纺织鞋服工业互联网重点项目建设，以工业互联网平台整合园区、促进集聚，大力推广个性化定制、柔性化生产，全过程打通产品研发、生产制造、能耗管理、采购仓储、营销售后和设备运维等环节，实现转型升级、降本增效并提升产品供给品质。加快小众化、分众化和个性化食品研发生产，不断提高农副产品精深加工和副产物综合利用水平，推进食品企业清洁生产和节能减排，促进食品产业全链条循环化、集约化和绿色化发展，加快构建完善食品工业企业诚信体系，加强食品质量品质安全管理，切实落实食品安全保障。

（三）深化"创品牌"，促进产业畅通循环

引导龙头企业加大实施品牌并购、兼并重组，培育壮大产业链上下游品牌企业，带动中小企业协同发展，培育发展"专精特新"中小企业。开展名优工业品线上线下促销活动，加强产业链上下游"手拉手"供需对接，提升品牌市场竞争力，引导有实力的企业品牌总部、研发销售等核心环节立足本省，积极拓展海外市场。持续加大培育行业区域品牌力度，鼓励有条件的企业争创省市政府质量奖，推动企业开展绿色产品、地理标志保护产品、地理标志商标、中华老字号和驰名商标等申请认证，支持打造永春"中国红曲醋都"等区域特色品牌，推广"武夷山水"品牌资源运作方式，鼓励实行统一的区域品牌、授权经营、质量标准、检验检测等现代管理模式。

第八章

中部地区

第一节 典型地区：安徽省

一、发展经验

（一）积极推进"三品"战略实施，加强政策支持

一是加大统筹支持力度。根据安徽省《支持制造强省建设若干政策》《支持数字经济发展若干政策》等工作部署，积极组织开展消费品工业"三品"示范企业、工艺美术大师工作室、智能家居产品（系统）、食品药品洁净厂房、药品一致性评价、智能工厂和数字车间等评审认定工作。

二是积极开展自主品牌建设。根据工信部统一部署，积极推进服装家纺自主品牌建设，2020年安徽省3家企业被列入工信部《重点跟踪培育纺织服装品牌企业名单（2020版）》里。其中，安徽鸿润（集团）股份有限公司、安徽天鹅科技实业（集团）有限公司入选终端消费品牌；安徽华茂集团有限公司入选加工制造品牌。

三是积极开展安徽工业精品认定，提升工业品牌的知名度。2020年培育省级新产品567个，打造109个"安徽工业精品"。目前"安徽工业精品"总数达到718个，成为安徽品牌的优秀代表。

四是按工信部要求组织企业申报食品工业"三品"专项行动展示成果工作，安徽省16个食品产品入选工信部食品工业"三品"成果展名

单。通过开展一批示范企业和新产品评审认定，树立行业标杆，发挥企业示范引领作用，促进安徽省消费品工业迈向中高端。

（二）持续"精品安徽"央视宣传，助力企业创品牌

携手央视持续开展"精品安徽·皖美智造"宣传活动。特别是抗击新冠肺炎疫情期间，迅速组织 2 家消费品行业抗疫物资生产企业，参加以"精品安徽皖美守护健康"为主题的央视宣传，大力宣传重视质量、产品可靠的典型企业和优秀品牌。2020 年，共组织 55 家消费品行业企业参加"精品安徽"央视宣传，可触达用户约 169.7 亿总人次，占电视收看总人数的 64.4%，有力地提升了安徽省企业品牌知名度和影响力。

（三）积极搭建各类展览展示，助推行业高质量发展

一是成功举办安徽省第十届工艺美术精品博览会。博览会坚持传承与创新相结合、创意与创作相结合、展览与评奖相结合，集中展示文房四宝、工艺雕刻、艺术陶瓷、金属工艺、工艺画、编结工艺、刺绣和染织、漆器工艺、民间工艺等 12 个类别 1008 件作品，充分展示安徽工艺美术风采，推动安徽省工艺美术产业健康有序发展。

二是组织召开全省聚乳酸材料产业对接会，省内 60 余家重点塑料制品、纺织服装等企业参会，一批企业现场签约开展战略合作，推动安徽省纺织、塑料行业绿色生态高质量发展。

三是积极帮助企业拓展销售渠道，开展皖酒皖茶等特色产品全国行活动，组织古井贡酒等 55 家食品行业企业参加山东、湖南、江苏等地的展示展销活动。

四是组织召开全省家电、纺织、食品、医药行业企业座谈会，鼓励引导企业顺应、把握消费升级趋势，在"增品种、提品质、创品牌"上下功夫，积极打造精品，宣传名品，不断提升安徽省企业的价值和竞争力。

二、启示与建议

（一）把握政策发展新机遇，提升行业规模体量

一方面，围绕"区位+基础"优势，积极对接长三角一体化、承接

产业梯度转移等有利条件，进一步做大行业经济体量。另一方面，把握RCEP协定新机遇，积极拓展外贸订单，开拓国际市场。

（二）适应双循环发展格局新要求，提升自主品牌影响力

进一步挖掘内销市场，争取更大市场份额。召开现场对接会、座谈会、展销会，组建产业发展联盟等形式，搭建产业链上下游沟通合作对接平台，帮助行业内企业在互利共赢中不断整合新资源、开拓新市场。以"精品安徽·皖美制造"央视宣传为契机，组织一批消费品行业企业做专题宣传，以提升品牌美誉度和知名度，提升企业的市场竞争力。

（三）坚持创新引领，提升消费品行业研发能力

新时期、新形势、新任务，必须在科技创新方面有新理念、新设计、新战略。鼓励和引导企业坚持创新、引领发展，家电产业主攻小家电产品研发，纺织行业主攻产业用纺织品，通过创新研发，壮大新动能，培育行业发展新的增长点。

（四）立足加工优势，提升智能制造水平

立足安徽省加工制造优势（1亿台家电产能、10亿件服装产能），加快5G、工业互联网、大数据、人工智能等与制造业融合发展，推动一批企业建设智能工厂和数字化车间，力争把消费品行业打造成为"工业互联网+"的主战场。

第二节 典型地区：江西省

一、发展经验

（一）加强政策指导

一是制定了现代家具、纺织服装、生物医药、电子信息和绿色食品产业链"链长制"工作方案，协调解决产业链发展难题，促进行业优化升级。

二是出台了《江西省油茶资源高质量培育建设指南》，对全省油茶

林新造、改造提出了技术要求和项目管理规范，为全省油茶资源质量提升提供科学指引。

三是发布了《关于金融支持防控疫情稳定经济增长若干措施》《关于发挥保险保障功能支持企业疫情防控和复工复产的通知》等文件，全力支持消费品工业企业复工复产。

（二）营造良好环境

一是严厉打击商标、专利、地理标志、特殊标志侵权假冒的违法行为。2020 年共立案 103 件，涉案和罚没金额 1382 万元，查扣出口侵权货物 2 批，邮递渠道查获出境侵权邮包 329 个。

二是持续完善江西省公共信用信息平台建设，加大信用信息归集范围，提升数据归集质量，为赣服通等跨行业业务系统提供信用服务。

三是开展"金融保链强链行动"，同时纵深推进企业上市"映山红行动"，2020 年共有 11 家企业先后通过上市审核，新增 3 家企业新三板挂牌、289 家企业在江西联合股权交易中心挂牌展示。

四是认定 2020 年度省级消费品工业"三品"战略示范试点县（市、区）2 个、示范企业 8 个，加快推动落后烟花爆竹生产企业整顿退出，已完成年度目标任务的 121%。

（三）开展对标行动

一是制定了《江西省贯彻落实百城千业万企对标达标提升专项行动实施方案》，切实推动江西省对标达标提升工作，宜春、南昌、赣州、景德镇和吉安等 5 个设区市获批成为全国试点城市。

二是组织 135 家各级政府质量奖获奖企业编印《企业先进质量管理方法汇编》，并向全省企业推广宣传。

三是支持消费品骨干企业创建省级重点（工程）实验室 14 个、工程（技术）研究中心 167 个和企业技术创新中心 5 个。

四是组织开展仿制药质量和疗效一致性评价，全面提升仿制药质量水平，支持医药企业参与行业标准化拟制定工作，指导省食品协会等单位共同起草了《绿色设计产品评价技术规范 酱鸭》等团体标准。

（四）夯实发展平台

一是推进中国（江西）针织服装创意产业园和中国（南昌）中医药科创城建设，积极支持分宜麻纺特色小镇建设，成功举办中国景德镇国际陶瓷博览会、樟树全国药材药品交易会、中国（赣州）家具产业博览会和江西国际麻纺博览会。

二是积极开展特色商贸小镇培育创建和全省特色商业街区发展升级工作，引导鼓励全省各地发展培育特色商业街，有效促进居民服务业转型发展。

三是印发《关于深入推进放心消费创建活动 促进消费扩容提质的指导意见》，截至2020年10月，江西省共有放心消费示范单位1812家。

四是积极支持瑞金市红色规划创意产业园项目用地的保障工作，中国（南昌）中医药科创城江中药谷核心区已有省部级及以上研发平台56个（其中国家级5个，省级51个），承担了800多项研发项目（其中国家级93项，省级148项），申请专利180件，获得授权120件，其中发明专利授权55件。

二、启示与建议

（一）进一步丰富产品种类

着力培育和发展省级工业设计中心，推广应用服装全流程自动化技术装备，支持重点企业开发功能型、智能可穿戴服装系列新产品，引导企业积极研发营养与健康食品、新型休闲食品，对企业的新药研发、大品种二次开发等给予支持。加强"产学研"合作，加快建设一批产业研究院，大力推进省级制造业创新中心建设。运用"区块链+人工智能"技术，推广智能制造、区块链技术和个性化定制，通过支持一批省级科技研发项目，引导企业加大对智能类、健康类消费品的技术攻关。

（二）进一步提升品质形象

推动出口消费品质量安全示范区及示范企业建设，积极为出口消费品企业在"同线同标同质"产品生产过程中提供技术、认证、检测等方面的指导和支持，帮助企业塑造优质品牌形象。继续开展省产婴幼儿配方乳粉提升行动,助力江西省特殊医学用途配方食品行业发挥优势、做大做强。强化行业企业生产主体责任,积极开展企业创新能力提升活动,加强产品检测体系、质量追溯体系建设及关键技术装备改造升级。开展第四届江西省井冈质量奖评选,激励引导更多企业应用卓越绩效模式等先进质量管理方法,推进百城千业万企对标达标提升专项行动。

(三)进一步致力品牌培育

继续办好江西省工艺美术杜鹃奖,协助办好中国景德镇国际陶瓷博览会、南康家具产业博览会、江西国际麻纺博览会、樟树药交会等重大活动。鼓励引导各类社会组织参与食品安全地标研制工作和标准制定工作,优化企业标准备案服务。深入实施品牌发展战略,着力培育区域公共品牌。加大对商标、专利、地理标志等知识产权的保护力度,继续开展知识产权执法"铁拳"行动。

(四)进一步优化发展环境

继续推进铅蓄电池、印染、粘胶和再生涤纶行业准入(规范)管理工作,继续组织开展省级消费品工业"三品"战略示范试点城市和示范企业的评选工作。继续加大力度发展电子商务、组织开展"赣品两上三进"活动,切实加快省内消费品"走出去"步伐,提升省内消费品的竞争力和知名度。积极推进科技金融融合发展,加大对全省金融机构业务创新的引导力度,加快发展商标权及其他知识产权质押等新型信贷业务,推动知识产权资产价值运用。拓宽工业企业融资渠道,为江西省消费品工业"三品"专项行动提供持续的金融支持。

第九章

西部地区

第一节 典型地区：重庆市

一、运行情况

2020年，重庆市工业增加值6990.77亿元，比上年增长5.3%。规模以上工业增加值比上年增长5.8%。2020年1—11月，全市规模以上消费品工业实现产值3930亿元，同比增长4%。其中，食品行业1391亿元，同比增长1.5%；纺织行业168亿元，同比下降24.8%；家电行业253亿元，同比下降7.6%；陶瓷行业87亿元，同比增长9%；其他轻工行业1426亿元，同比增长7.6%；医药行业605亿元，同比增长4.5%。重庆市以供给侧结构性改革为主线，强化需求侧管理，持续开展"三品"专项行动，注重稳链、补链、强链，以成渝地区双城经济圈建设为契机，以特色产业基地为载体，推动产业高端化、智能化、绿色化、集群化和特色化发展。

二、发展经验

（一）不断强化顶层设计和完善配套政策

按照重庆市政府办公厅印发的《重庆市开展消费品工业"三品"专项行动营造良好市场环境实施方案》精神，重庆市经信委先后制定了《关于鼓励建立企业研发准备金制度的通知》《关于印发重庆市企业研发活动促进方案的通知》《关于印发重庆市企业研发机构建设促进方案的通知》《关于印发重庆市新产品开发促进方案的通知》等配套举措，利用重庆市工业和信息化专项资金、中小企业专项资金等支持消费品工业企业技术创新、智能改造和品牌建设，有力地调动了企业的积极性。

（二）以创意设计为引领不断增加中高端产品有效供给

全市拥有研发机构的规模消费品工业企业数212家，占规模消费品工业企业的13.9%。进入技术创新指导性目录的新技术新产品数量达到212个，其中重大新产品47个。注重工业设计，引进大千汇鼎、开物工业等样机制作、高端模具制作服务平台，成立了重庆市工业设计产业联盟，推动D+M浪尖智造工场、中国工业设计研究院西南中心等重点工业设计创新服务平台建设，引导锦辉陶瓷成功创建国家级工业设计中心，天友乳业、江小白等16家企业创建市级工业设计中心。注重元素融合，荣昌夏布国家非物质文化遗产与国际潮流完美融合，夏布时装在北京饭店金色大厅发布。加大新品开发，药友制药分别在美国和西班牙建立研发机构，精准生物Car-t细胞治疗药物等14个创新药物进入临床试验，润泽医药植入式多孔钽材料、永仁心植入式左心室辅助装置获批上市，填补国内产业空白，适老化医疗用品受市场青睐。

（三）实施智能制造和绿色制造推动行业提质增效

培育骨干特色企业，广州双桥（重庆）、际华三五三九等4家企业被工业和信息化部认定为专精特新"小巨人"企业，行业累计认定市级"隐形冠军"8家、"小巨人"企业12家、专精特新企业101家，累计创建市级智能工厂14家，数字化车间74个，市级绿色工厂29家，其中国家级8家。注重标准建设，制定了《榨菜行业水污染物排放标准》《包装印刷业大气污染物排放标准》《麻辣火锅底料辣度量化及等级划分》等，制定了大足五金行业5项地方标准，通过产品更新和技术创新走出国门，"山城"牌手表成为首个获得德国天文台认证的国产品牌，药友制药阿法骨化醇片等36个品规通过或视同通过仿制药一致性评价，药友制药固体口服制剂生产线常年通过美国FDA检查认证。注重智造运用，段记服饰依托大数据，建设3D试衣系统，用智能制造引领

创新发展。强化质量安全，重庆市食品药品检验检测研究院被工业和信息化部认定为食品企业质量安全检测技术示范中心，常态化开展食品工业诚信体系培训。

（四）强化品牌建设提升产品附加值和软实力

集中打造"渝见美品"消费品品牌集合形象，大足五金、涪陵榨菜、潼南柠檬等区域品牌不断扩大影响力。推动品牌建设，"山城"牌钟表重新面世，纭梦制衣荣获工业和信息化部年度工业品牌培育示范企业，金猫纺织先后获中国纺织工业联合会纺织之光科学技术二等奖、产品开发贡献奖、品牌文化创新奖、全国纺织精神文明建设示范基地等殊荣，"江小白"已成为年轻人首选的中国酒类消费品牌。抓好特色基地，长寿区"中国木门之都"、合川区"清平十里长廊"规模不断壮大，璧山区"中国西部鞋都"通过复评，荣昌被授予"中国西部陶瓷之都"称号。推动融通发展，有友食品、百亚卫生用品在主板上市，诗仙太白酒业与泸州老窖酒业实现战略合作，支持协会连续举办7届中国重庆国际时尚周，山外山医疗、顺美吉医疗、中元生物等企业的医疗器械产品成功出口"一带一路"沿线40余个国家。

三、启示与建议

（一）完善制度设计为实现新时期高质量发展提供指引

为推动消费品工业转型升级，实现高质量发展，发布《重庆市推动消费品工业高质量发展行动计划（2020—2022年）》，确定了未来发展目标，提出了推动传统产业转型升级、培育新兴消费品产业、深化工商工旅融合三个发展方向和七项重点任务，引领全市消费品工业高质量发展。多渠道、多形式加大政策宣传，以市政府名义召开全市推动消费品工业高质量发展电视电话会，联合重点企业举办专题新闻发布会，营造坚定发展信心的良好氛围。整合利用重庆市内外资源，增强协同创新能力，夯实智能制造能力基础，创新发展模式，提升壮大传统优势产业，加快培育新兴消费品产业，推动产业融合发展，塑造"重庆味道""重庆工艺""重庆品味"的消费品产业符号，打造具有国际影响力的消费品产业集群。

（二）以品牌建设为抓手打出"组合拳"助推行业高质量发展

制定《消费品工业品牌建设实施方案（2020—2021 年）》，按照"聚焦、统一、持久"的原则遴选发布消费品工业重点培育品牌示范试点项目 70 个。首创提出"渝见美品"集合品牌形象，10 个品牌形象首次登陆央视综合频道。与重百新世纪超市、永辉超市、市旅游集团合作，推动消费品工业与商贸服务业、旅游业融合。举办"渝见美品"重庆消费品品牌直播周活动，观看人数超 1400 万人。指导重庆广电、重庆日报开展《防疫情促发展·消费品工业在行动》公益宣传。加快塑造"重庆味道""重庆工艺""重庆品味"消费品品牌符号。开展 2020 中国重庆国际时尚周和"渝派家居·精工智造"系列活动，进一步提升重庆市消费品品牌影响力。

（三）深化创新引领持续推动中高端有效供给

制定《推进全市规模工业企业研发机构三年倍增计划（2020—2022 年）》，修订《重庆市技术创新示范企业管理办法》，2020 年 31 家企业的 47 个产品获得市级重大新产品认定，3 家企业被认定为市级工业和信息化重点实验室，212 个项目纳入 2020 年产业技术创新指导性项目推荐目录。推动重庆赛宝工业技术研究院的"成渝双城经济圈智能制造质量品牌建设项目"入选工业和信息化部"工业质量品牌建设提升专项"，支持重庆登康等重点企业制定标准，提升重庆市企业行业话语权。协助智翔金泰抗体药物、宸安生物重组蛋白药物等产业化项目顺利推进，协助华邦制药智能化生产基地、Athenex 抗肿瘤药物原料药生产基地等建成投产，高端产能逐渐释放。7 个生物药物处入临床阶段，28 个品种的 44 个产品通过仿制药一致性评价。

（四）搭建平台优化产业生态助力行业高质量发展

引进国家级工业设计中心，在渝成立重庆消费品工业创新设计研究院，与区县共建消费品工业创新生态区。举办 2020'OBEG 服装创新创意设计大赛、消费品工业设计创新产品大赛。与京东集团签订共建消费

品创智中心战略协议，会同阿里巴巴围绕食品、眼镜、家具等细分行业搭建 C2M 超级工厂及营销平台，启动重庆火锅产业研究院组建论证工作。策划举办创客中国消费品工业专题赛。引导泰格医药临床研究西部（重庆）中心成功落地重庆高新区，金迈博全人源转基因动物抗体药物筛选平台、昭衍新药药物安全评价中心、以色列生命科学园创新中心、重庆国际免疫研究院等项目启动建设，迪纳利生物分析技术中心、柳江医药药学研发平台、歌沏医药临床研究中心、美莱德药物安全评价中心等建成投用。

第二节　典型地区：西藏自治区

一、运行情况

2020 年，西藏自治区消费品工业运行稳中有进、稳中向好。2020 年 1—12 月，全区消费品工业规模以上企业实现工业总产值 47.88 亿元、同比增长 19%。其中，农副食品加工业实现工业总产值 2.86 亿元、同比增长 66%；食品制造业实现工业总产值 2.85 亿元、同比增长 19.7%；酒、饮料和精制茶制造业实现工业总产值 10.7 亿元、同比增长 3%；医药制造业实现工业总产值 20.36 亿元、同比增长 34%；中成药产量达 3203 吨，同比增长 1.5%。截至目前，西藏青稞、牦牛和民族手工业等特色优势产业相较 2016 年新增品种 153 个，增长 10%；全区拥有全国驰名商标 16 个，自治区著名商标 118 个。全区特色优势加工业增品种、提品质和创品牌工作取得显著成效。

二、发展经验

（一）深入开展"增品种、提品质、创品牌"行动

拉萨市着力打造"一县一品"，围绕绿色食品加工、藏医药和工艺品等，充分发挥资源优势，优化产业结构，拉长产业链条，推动净土健康的绿色主导产业发展。组织部分工艺美术大师参加 2020 年中国国际服务贸易交易会，有力推进工艺美术行业特色化、集群化、品牌化的高质量发展。山南市加快构建"九大产业"布局，制定出台《关于建设工

业强地实施意见》，把能源、矿产、建材、藏医药、民族手工业以及绿色食品等优势产业培育成为增强地区经济实力的重要产业和支柱产业。大力推进品牌建设，山南名牌"泽帖儿"荣获 2020 年第十二届中国国际商标品牌节金奖，"珊瑚丸"被列为"国家中药保护品种"并获得"中国民族医药学会推荐品种"称号。昌都市通过展览展示、推介会等形式，积极推介天然饮用水产品；建立藏药材种植基地 160 亩，种植藏木香、大黄、喜马拉雅紫茉莉、天仙子等 20 余种濒危藏药材；加大牦牛、阿旺绵羊、黑山羊、红拉山鸡、卡若香猪等养殖基地建设，产量不断提高，有效保障了生产原料供给能力；同时，在引导重点企业加强技术改造、技术创新和品牌打造上持续发力，积极打造具有鲜明康巴风格的产品。那曲市积极探索高海拔藏药材试培育，引进优良品种。班戈色瓦绵羊纳入全国名优农产品目录。举办"羌塘印象"特色产品展示展销会，参展品种达 370 种。

（二）做好顶层设计充分发挥当地特色优势

稳步推进天然饮用水产业高质量发展，完成了《充分发挥西藏水资源优势促进天然饮用水产业高质量发展有关情况的报告》，制定印发了《2020 年全区天然饮用水产业发展工作方案》，举办"地球第三极·西藏好水"广西（南宁）专场推介暨促销活动，签订 14 项合作协议。先后组织企业参加分别在北京、广州举办的西藏自治区绿色工业、高新数字产业招商引资暨西藏好水推介会。加快推进医药工业发展，按照自治区"四个一流"建设工作部署，编制了《西藏自治区藏药产业转型升级工作方案（2020—2022 年）》，明确未来大力发展中（藏）药，积极发展医药大健康产业，创新发展生物制药及药妆企业，加快发展医药流通业，提升发展化学药，培育发展医疗器械与卫材产业，优化医药工业布局，提升产业层次，推进产业现代化，实现医药产业高质量发展。

（三）推进农畜产品加工业深度融合发展

发布《发挥全区农牧业资源优势 强化"一二三"产业深度融合 促进农畜加工业高质量发展有关情况的报告》、印发《关于全区农畜产品加工业转型升级三年行动方案（2020—2022 年）》，明确全区农畜产

品加工业转型升级以"一实现、两建设、三主抓、四提升"为基本工作思路。出台印发《关于降低西藏特色工业产品出藏物流成本的工作方案》，助力企业降低成本。10余家企业的150种青稞、牦牛和乳制品等特色产品纳入全国扶贫产品西藏第一批和第二批目录。西藏高原天然水、西藏高原之宝2家企业产品纳入工信部"三品"战略成果展；开展2020年度西藏特色产品行业十大杰出人物、十大新锐人物评选活动，弘扬企业家精神、鼓舞干劲和激发活力，促进特色产品"增品种、提品质、创品牌"工作。

三、启示与建议

（一）持续不断推动"增品种、提品质、创品牌"

不断提升高原特色产品精深加工能力，着力增加品种。通过企业与区内外高等院校、科研院所合作，开展特色优势产业核心关键技术攻关，不断开发推出具有自主知识产权、科技含量高、文化内涵丰富、包装制作精美以及附加值高的西藏特色产品。建立健全高原特色产业标准体系，强化先进标准应用和实施，全面提升品质。持续建设产品质量追溯系统和质量诚信体系，推动生态原产地、地理标志产品保护申报、使用和奖惩管理，行业质量水平不断提升。加强对"地球第三极"商标品牌的注册、引导和保护，推进品牌建设。企业品牌发展意识不断强化，打造了一批具有西藏特色的自主品牌。

（二）推动资源整合做大做强特色产业

推动区内区外资源整合，推进重点项目全面投产，培育大型企业集团，完善产业链条。引导企业加速绿色制造、智能制造和产业数字化进程，全力提升产品开发、包装设计能力和全流程制造水平，提高产品附加值和品牌影响力。通过加强对接协调、开展战略合作、举办专场推介会等途径，加快打造"地球第三极"区域公共品牌。支持企业深化与电商平台合作，创新销售模式，扩大产品线上线下销售，加快协调推进消费扶贫专柜布局，拓宽特色优势产品销售渠道。

（三）进一步夯实民族手工业发展基础

在做好民族手工业资源普查和摸底工作的基础上，进一步强化民族手工业发展基础。强化民族手工业相关行业协会能力建设，引导工艺美术行业协会换届选举，补充完善协会章程，增加涉及藏香、藏毯、唐卡和金属锻造等民族手工业领域服务管理内容。加快制定相关工艺标准和产品标准，推进《中国工艺美术全集·西藏卷》编撰工作。依托拉萨次角林文化旅游产业布局，加快推进工艺美术及民族手工业基地建设。积极开展地市工艺美术大师评审工作，培养专业人才。

"三品"战略篇

第十章

典型地区"三品"战略研究

第一节 江苏省淮安市淮安区

消费品工业是江苏省淮安市淮安区工业经济的主要产业，近年来，淮安区认真贯彻落实党的十九大精神，围绕高质量发展根本要求，以纺织服装、食品工业、文体用品、羽绒制品等行业为重点，坚持传统产业改造升级和新业态、新模式培育壮大并重，推动全区消费品工业高质量发展，发展成果显著。

一、基本情况

2019 年，江苏省淮安市淮安区规模以上消费品工业企业实现主营业务收入 166.4 亿元，同比增长 8.8%，其中，出口额 23.8 亿元，实现利润总额 45.6 亿元。

（一）主导产业实力不断提升

在消费品工业领域，拥有省级以上企业技术中心 5 家、省级以上工业设计中心 4 家、多个省级工程技术研究中心、制造业单项冠军企业 1 家、智能制造示范项目 3 个、两化融合管理体系贯标试点企业 6 家、工业企业质量标杆 2 个。康乃馨织造入围"国家制造业单项奖冠军"候选名单，施塔德电梯获评"省级服务型制造示范企业"，盐腔综合利用获国家科学技术进步奖一等奖，苏盐井神获评"全市化工行业首家省级院

士工作站",全区拥有国家高新技术企业合计38家。

(二)品牌效应日益显现

拥有苏食肉品、百斯特鲜食等知名骨干品牌,重点跟踪培育服装家纺自主品牌企业1家,苏盐井神荣获"中国轻工业百强企业""中国轻工业食品行业五十强企业",其生产的"淮盐"在"世界品牌大会"入围中国500最具价值品牌,获得第十八届全国质量奖。共创人造草坪是人造草坪行业的全球龙头企业,获得国内首批FIFA二星认证,是该行业第一家A股上市公司。康乃馨织造生产的宾馆用中高档毛巾国内市场占有率达60%以上,同时拥有"中国名牌产品"和"中国驰名商标"称号,在国内享有较高知名度。共创人造草坪"CCGrass图形"和康乃馨织造"康乃馨"两个品牌入选省"重点培育和发展的国际知名品牌"。

二、"三品"战略

(一)增品种

1. 深入推进产业集群建设

淮安市淮安区形成了纺织服装、羽绒、食品、酒类、医药、文体用品和消费电子等若干个特色产业集群。在纺织服装产业方面,淮安市淮安区被江苏省授予"江苏毛巾针纺织名城"。在羽绒产业方面,形成水洗、分级分选、羽绒制品、销售的完整产业链,规划建设羽绒产业园。在食品产业方面,培育了米面加工、饲料加工两个特色食品集群。在文体用品产业方面,入选"国家火炬特色产业基地",致力将文体用品产业集群打造成苏北转型发展的强大引擎、江苏高技术产业培育的重要基地和全国教育体育装备技术创新的前沿阵地,施河智教乐享特色小镇进入第二批省级特色小镇创建名单。

2. 推动创新载体建设

先后建成"江苏省井矿盐工程技术研究中心"和"江苏井神盐化工循环经济技术研究院"两个产业技术研发平台,成为盐化工领域具有较强影响力、竞争力和科技创新实力的创新型研究机构。建成苏北首个工

业资源集约利用信息平台，通过大数据"把脉"工业经济发展水平和资源利用效率。施河现代教育装备产业园被认定为中国"产学研"合作创新示范基地。推动科技体制改革，促进企业科研成果向生产力转化，施塔德电梯创建省级超高速电梯工程研究中心。

3. 提升产业创新活力

引进上海交通大学、中科院等知名高校院所专家 21 人，成功组建省第十二批科技镇长团专家组，着重引进高科技项目和高端知识产权运营服务机构入驻。苏盐井神获评"全市化工行业首家省级院士工作站"。全区万人有效发明专利拥有量提升至 2.07 件，淮安市淮安区先后被评为"江苏省知识产权宣传培训工作成绩突出单位"和"科技宣传工作成效突出地区"。

（二）提品质

1. 推进产业升级改造

近三年来，累计投入资金 5.6 亿元，关停化工企业 19 家，加大淘汰落后产能和对劣质项目的置换力度，关停低端低效企业 200 多家，置换劣质项目 80 个，盘活土地 3740 亩。严格实行项目评审制度，主攻高科技含量和高产业关联度项目，入园企业累计投资 225 亿元，34 家企业入选省高新技术企业培育库入库企业。大力推进企业上云和两化融合工作，全区列统企业上云达 120 家。

2. 积极开展招商引资

近三年来，在上海、深圳、无锡和苏州等地组织策划了 5 场工业专场招商会，共签约工业项目 100 多个，已落地项目 30 余个。为工业快速发展蓄势聚力，强化以项目达产达效形成新增长点，新开工亿元以上工业项目共有 68 个。

（三）创品牌

1. 推动开放型经济稳中向好发展

对外贸易实现快速发展，2019 年外贸进出口总额相较"十二五"末增加 48.8%，开放经济渐趋成熟，新业态、新模式开始显现，跨境电商发展势头强劲，多个跨境电商 B2B 出口货物项目申报成功。

2. 扎实推进品牌梯队培育

培育"龙头骨干型""高端制造型""行业领先型""创新活力型""两化融合型"等"五型"企业，坚持企业主体与政府引导相结合、骨干引领和面上推广相结合、传统产业升级与新兴产业培育相结合，通过示范引领、政策扶持和精准服务，推动企业加快转型升级，培育一批增长力强、质效优的企业，聚力打造"隐形冠军""单打冠军""专精特新"企业，促进全区工业经济高质量发展。

（四）优环境

1. 着力优化营商环境

全面提速"放管服"改革，成立全省唯一县区级营商环境优化办公室，全区910个行政审批服务事项中实现838个"不见面审批"，获选全省首家"2019中国营商环境百佳试点县市"，成立全市首家金融系统党建联盟，建立小微企业金融超市，制造业贷款余额列全市县区第一位。

2. 政策体系支持产业提质发展

专门出台《淮安区工业经济赶超发展三年行动计划》，全力在消费品工业招商引资、项目质效、产业集聚方面发力。每年下发全区《工业经济目标考评办法》，细化分解任务，及时兑现政策，确保三年行动计划分步实施、稳步推进。出台《淮安区产业发展引导资金管理办法》及其补充意见、《淮安区"五型"企业培育实施意见》《扶持施河教育体育装备产业高质量发展的实施意见》等文件，进一步激发企业创新创造活力，支持产业集聚发展。

3. 提升政府服务能力

出台《优化营商环境行动方案》，开展审批提速、服务优化、要素强化、清障减负、法治护航、作风提升六大专项行动，持续推进"放管服"改革，创新"马上办""项目代办""中介超市"等便民便企服务机制，持续开展"三服务"流动红旗竞赛活动，创新制定《政商交往正负面清单》《服务涉企高层次人才十项措施》，全力打造"亲清"政商关系，全区干部精神面貌和机关作风发生显著变化。

第二节　浙江省湖州市吴兴区

浙江省湖州市吴兴区深入推进消费品工业高质量发展，紧扣供给侧改革主线，打出"增品种、提品质、创品牌、优环境"系列组合拳，贯彻"绿色、智能、创新"发展理念，打造"服装+美妆"两大产业集群，消费品工业占本地全部工业营收比重达 47.9%，成为推动当地制造业高质量发展的"定海神针"。

一、基本情况

2019 年，浙江省湖州市吴兴区规模以上消费品工业企业实现主营业务收入 324.4 亿元，同比增长 7.2%，其中，出口额 29.5 亿元，实现利润总额 16.0 亿元。

（一）主导产业实力强劲

以童装为代表的纺织工业逐渐成为吴兴区支柱性、品牌性产业，也使得吴兴区拥有"中国童装之都"的美誉，童装产业综合产值稳居全国第一。美妆产业依托省级标杆特色小镇——美妆小镇，集聚珀莱雅等化妆品及相关企业 115 家，成为著名化妆品产业集聚中心。

（二）创新水平不断提升

消费品工业领域，现拥有省级以上企业技术中心 7 家，省级以上工业设计中心 1 家，智能制造示范项目 13 个，两化融合管理体系贯标试点企业 7 家，工业企业质量标杆 16 家，纺织服装创意设计试点示范园区 12 个。

（三）品牌战略成效显著

现拥有消费品工业领域产业集群区域品牌建设试点示范区域 1 个，重点跟踪培育服装家纺自主品牌企业 106 家，童装产业国家级区域品牌建设试点 1 家，拥有全国十大米醋品牌 1 个，获批国家级智慧健康养老示范基地。

二、"三品"战略

（一）增品种

1. 深入推进童装产业集群建设

在纺织工业方面形成童装、羊绒、丝绸、功能性纤维为主的块状集群，以新凤鸣、华祥高纤为引领的纤维行业迅速兴起，织里镇已成为中国童装&品牌羊绒服装双料名镇，现有各类童装生产经营企业 14000 余家，年产各类童装 14.5 亿件（套），约占国内市场 2/3，成为全国规模最大的童装产业集群，形成"化纤制造—原材料—纺织印染—服装制造（童装）—服装零售"的本地全产业链，获批省现代产业集群转型升级示范区试点。

2. 美妆产业集聚质量和水平不断提高

作为本地美妆产业主平台，美妆小镇集聚化妆品及相关企业 115 家，包括珀莱雅、娇兰佳人、韩佛、蔻丝恩、泊诗蔻、金伯格、绮丽华等一批知名化妆品企业，美妆小镇已成为与上海东方美谷、广州白云美湾齐头并进的全国三大化妆品产业集聚中心。

3. 提升工业产品设计和检测能力

引进中介机构 35 家、设计团队 1000 余家，服务中小企业 11260 余次，解决技术难题 112 项，检测童装 10000 多批次，培训 5000 余人次。引进 70 家服装设计创新服务机构，集聚创意设计人才 300 多名。建设童装设计中心，引进 20 家专业设计公司及摄影机构入驻，设计童装款式 2.6 万种，投入生产款式 2 万种，为织里童装企业增加产值 4 亿元。

4. 顶层设计引导产业发展

出台《关于印发吴兴区童装产业高新化改造提升实施方案（2018—2020 年）的通知》《浙江省化妆品产业高质量发展实施方案》（2020—2025 年），引导美妆产业、服装产业发展壮大。出台《织里童装产业示范园发展扶持政策》《关于推动织里童装产业高质量发展的若干意见》等专项政策，推动童装企业"小升规"50 家。

（二）提品质

1. 深入践行"两山"理念

探索"绿色 GDP"核算体系、绿色考核等机制创新，推进美妆工业

旅游、体验经济和文化创意产业发展，率先打通消费品工业"两山"理念价值转化通道。新凤鸣智能工厂、珀莱雅面膜工厂和美欣达工业互联网等智能制造示范试点全面推进，助力工业质量变革、效率变革和动力变革。同时，助推童装行业率先与中国美术学院等 20 多家全国顶尖服装机构合作，为产业发展注入核心竞争优势。

2. 重点产业领域创新水平不断提高

在纺织产业领域，陆续获批创建国家级企业技术中心 1 家，高新技术企业 9 家，科技型中小企业 33 家，省级企业研究院 2 家，省级高新技术企业研发中心 3 家，省级企业技术中心 6 家，院士专家工作站 3 家。"产学研"合作成果丰富，与中国美术学院、江西服装学院等 7 家高等院校合作共建创新载体，成立中纺院江南分院特种面料研发中心、湖州浙江理工大学新型纺织研究院以及美妆产业相关的应用技术大学等机构。

3. 推进产业绿色化、数字化发展

推动 3 家企业入选国家绿色制造体系，规上工业企业绿色工厂覆盖率超过 90%。获批智能制造示范项目 13 个，拥有两化融合管理体系贯标试点企业 7 家，美欣达环保智能管控平台在 2019 年中国云服务大会上获评企业上云典型案例，织里童装工业互联网平台获批省级工业互联网平台创建名单（区域级）。率先开展数字化问诊诊断，指导企业加快 5G 数字化车间、智能工厂和工业互联网平台建设，累计服务中小制造企业 100 余家次。

（三）创品牌

1. 提高品牌运营能力

贯彻落实"三品"战略，开展品牌建设领域人才培训。支持企业以参股、换股、并购等形式与国际品牌企业合作，提高品牌国际化运营能力。通过"会展+赛事+直播"提升区域品牌影响力。织里童装产业获批国家级区域品牌建设试点，化妆品行业领袖峰会、世界乡村旅游大会会址永久落户吴兴。连续四次举办全国童装设计大赛，打造顶级美妆设计创新大奖"美点奖"，"以赛助产"氛围浓厚。产业和文化联动发展，连续三年举办国际玫瑰文化节，游客量年均突破 30 万人次。

2. 着力发展线上经济

通过"线上经济"全面拓宽市场发展"新空间",已建成爱用文化、盛点文化、永信电子等一批网红直播基地,成功由"线下"走到"线上"。吴兴区在重点监测第三方电子商务平台上共有各类活跃网络零售网店1.9万家,在全省排名第9。其中,童装母婴用品、3C数码产品与美妆护肤产品三大行业网络零售总额占全区总额的86.1%。引进卡美啦网红直播基地,打造全国最大的美妆网红直播中心。

(四)优环境

1. "双万亩"大平台"筑巢引凤"

2015年以来,吴兴经济开发区、高新区"双万亩"工业大平台完成拓展提升面积4.7万亩,丝绸小镇、美妆小镇等先后列入省级特色小镇,美妆小镇被评为全省十大示范特色小镇、省级行业标杆小镇,被列为2019—2020年度省产教融合示范基地创建名单,童装小微园获"国家级小微企业创新创业示范基地"称号。

2. 强化人才智力支撑

积极引进领军人才、海外工程师等各类人才19人,建成美妆众创空间、小微企业孵化园、电子商务创业园、大学生创业创新服务平台等6家,为产业凝聚智力和设计资源,为高效能、可持续发展提供创新引擎。

第三节 福建省福州市长乐区

消费品工业是福州市长乐区传统支柱产业,形成了纺织服装两千亿级产业集群、食品饮料百亿级产业集群及医药产业和消费电子产业等重点产业集聚发展的良好态势。近年来,福州市深入贯彻实施"三品"战略,着力提高消费品有效供给能力和水平,产业链建设效果显著,着力推进两化融合,纺织等重点产业创新示范作用突出,高质量发展取得积极进展。

一、基本情况

福建省福州市长乐区规模以上消费品工业企业实现产值2305.59亿

元，占全区规上工业企业比重达 82.72%，成为长乐区工业经济稳增长的重要支撑，全年实现主营业务收入 2241.19 亿元，同比增长 12.3%，其中，出口额 74.0 亿元，实现利润总额 149.9 亿元。

（一）科技创新实力突出

在消费品工业领域，拥有省级以上工业设计中心 17 个，两化融合管理体系贯标试点企业 30 家，制造业单项冠军企业 12 家，智能制造示范项目 13 个，工业企业质量标杆 1 家。发挥中国花边产品研发中心、国家差别化锦纶开发基地以及中国纺织工业协会作用，加快构建以恒申集团等龙头企业为主体的产业创新体系，入选国家级绿色制造体系 5 项次。

（二）重点产业优势明显

长乐区纺织产业已跻身全国县级纺织产业三强，年产化纤短纤、长丝和混纺纱近 330 万吨，锦纶民用丝年产 150 万吨以上，是全国最大的化纤混纺纱生产基地和锦纶民用长丝切片生产基地，产能位居亚洲之首。现有各类经编花边机两万多台，经编产品占全国市场份额的 3/5，是我国最大的经编面料和花边生产基地。先后获授"中国纺织产业基地""全国纺织模范产业集群""全国纺织行业创新示范集群""中国经编名城""纺织产业集群创新发展示范地区"和"全国超千亿产值纺织产业集群地区"等荣誉称号。

（三）主导企业实力强劲

在纺织产业领域拥有金纶高纤、恒申集团和永荣控股 3 家百亿企业。食品产业，聚泉公司在福州市政府的主导下，作为核心企业协同福州辖区企业取得"中国鳗鲡之都"称号，鳗鱼检测达国际先进水平。医药产业，贝瑞和康推进建设集数据中心、生产研发、样本"湿库"以及"基因医院"的多功能综合性产业园。消费电子产业，网龙科技数字产品覆盖 190 多个国家和地区，总用户超一亿人。

（四）主导企业实力强劲

现拥有消费品工业领域产业集群区域品牌建设试点示范区域 3 个，重点跟踪培育服装家纺自主品牌企业 3 家。明一国际连续 7 届蝉联中国 500 最具价值品牌奖。拥有国家免检产品 2 个，中国驰名商标 9 个，福建省名牌产品 21 个，福建省著名商标 51 个。

二、"三品"战略

（一）增品种

1. 发力技术创新

积极依托国家战略性新兴产业（新材料产业）相关政策，鼓励企业开展基础研究和引进成熟的高新技术，积极拓展化纤材料、绿色食品应用领域，在家用纺织品、产业用纺织品、食品饮料等领域引进龙头企业，推动与省内外科研院所深度合作，如聚泉食品承建农业部"国家鳗鱼加工技术研发分中心（福州）""福建聚泉鳗鱼研究所"和"福建鳗鱼工程技术企业研究中心"三个科研机构。在新型涤纶丝、锦纶丝以及绿色食品方面加大研发，促进产业化，积极与下游产业实现研发链接、拓展应用。

2. 推进医疗大数据产业集群建设

全力建设以服务 VR、大数据等高新产业发展、产城联动的省级特色东湖 VR 小镇，推动消费电子产业的发展。依托国家健康医疗大数据中心，通过产业园建设，在滨海新城搭建覆盖"产学研资"四大板块的生态系统，打造全球首个精准医疗大数据集群。

（二）提品质

1. 发展数字经济赋能传统产业

鼓励企业实施智能化技术改造，提升企业核心装备和关键工序数字化水平。如恒申合纤打造的视觉检验体系、智能工厂、智慧物流、纱线面料快产平台，永荣锦江科技、景丰科技打造的智能工厂等，已经成为"长乐智造"的新名片。

2. 加快工业互联网发展

出台《长乐区推动工业互联网创新应用三条措施配套方案》，积极发挥福州滨海新城作为福州市"东进南下"战略的发展中心以及数字产业的优势，鼓励龙头企业和互联网平台企业建设工业互联网平台，全力推动工业互联网、大数据和人工智能与实体经济深度融合，整合优化产业链上下游资源，进一步畅通产业链循环，推动消费品工业企业转型升级。

3. 实施重点行业技改工程

近年来，累计投入近400亿元实施纺织产业技术改造，行业装备技术和工艺水平位居全国前列，综合成本较全国其他同类地区低5%，利润高约2%，650万锭纺纱产能用工量由58人/万锭减少为36人/万锭，行业综合竞争力持续提升。进一步出台《长乐区人民政府关于印发〈长乐区数字经济赋能先进制造业利用市级技改基金实施细则（试行）〉的通知》，实施智能化技改工业项目，技改基金按照为期4年，每年3%年利率鼓励企业开展智能化技改。

4. 大力推进智能制造

深入推进"机器换人"，实施以机器人系统为核心的智能化技术改造，现有企业规模化应用机器人已达9000多台（套）。化纤、棉纺企业规模较大，行业生产线数字化和自动化水平较为领先，工厂、车间正向智能工厂、智能车间转化。如长源纺织功能性多组分混纺纱线智能化生产车间、恒申聚酰胺纤维智能化生产车间、永荣锦纶智能纤维生产线、鑫港纺织机械印染智能制造系统均达到国际先进水平。

（三）创品牌

1. 打造互联网推介交流与商品交易平台

建立"乐纺云""坐视布管"和"长乐纺织网"三个互联网交易平台，其中，每年利用"长乐纺织网"提供近20万条专业资讯，拥有30000多名国内外会员，全面介绍本地纺织产业发展概况、投资环境，与移动公司合建的短信平台，面向长乐纺织企业家和管理人员发送纺织行业产业经济与技术信息。

2. 积极开拓国际市场

鼓励企业进入国际市场，参与国际竞争。如东龙针纺的国内与国际产品市场占有率逐年明显上升，形成覆盖广东、浙江和上海等 10 多个省市并远销欧美、日本等国际市场的销售格局，国内与国际市场认可度近年来显著提高。

3. 积极利用赛事活动推介

充分利用第二届数字中国建设峰会长乐分会、全国信息技术应用创新研讨会、第二届"吴清源杯"世界女子围棋赛暨"博思杯"2019 年世界人工智能围棋大赛、2019 年环福州·永泰国际公路自行车赛长乐赛段等系列重大赛事、商务活动举办等机会，对消费品工业产品和服务进行集成展示、供给，进一步提升长乐消费品工业领域影响力。

4. 优化政务服务供给

深入开展"机关服务基层年"活动，推进"互联网+政务服务"，2019 年政务受理事项办结率达 98.54%，年办件量 10.5 万件。落实提升"一趟不用跑"和"最多跑一趟"事项占全区行政审批和公共服务事项总数的 98.93%。全面落实各项减税降费政策，累计减税降费 10.54 亿元。实现小微企业"三零"服务，加大对民营企业信贷支持，金融机构增贷投放超过 120 亿元，开展联合奖惩、"信易+"等工作，建成"信易贷"试点主体信用信息库。

（四）优环境

1. 优化营商环境

坚持以国际化标准完善城市环境、创业环境、人文环境，全面建设服务型政府，营商环境不断优化，"放管服"改革持续深化，行政服务中心、公共资源交易中心等各类便民服务中心整合提升基本完成，"互联网+政务服务"有效推进，进一步取消行政审批事项 6 项，积极营造法治化、国际化、便利化的营商环境。

2. 着力畅通物流链

规划"海、陆、空"便捷的综合交通体系，着力打造"三港、一铁、三轨、九线"快速高效的对外交通网，利用国家新区、21 世纪海上丝绸之路核心区、生态文明示范区、自主创新示范区、自由贸易实

验区的国家级五区叠加优势和国家的政策支持。畅通数字经济和仓储物流链条，推动长乐临空经济区两大物流园——菜鸟物流园和京东物流园建设。构建 4 个工业互联网云平台，梭子网络不断壮大，中安绿色建立大宗商品交易平台，天猫电商服务中心入驻德商汇国际电商产业园。

第四节　江西省宜春市奉新县

江西省宜春市奉新县基础良好、特色明显，形成了以纺织及竹制品为特色产业，电子信息、食品和医药为主攻产业的产业体系。近年来，深入推进消费品工业"三品"战略，进一步壮大产业规模，打造特色产业集群，产业发展环境持续优化，活力得到进一步提升。

一、基本情况

2019 年，江西省宜春市奉新县规模以上消费品工业企业实现主营业务收入 397.0 亿元，同比增长 18.1%，其中，出口额 14.4 亿元，实现利润总额 38.8 亿元。

（一）产业集群特色鲜明

在纺织产业领域，先后被授予"中国新兴纺织产业基地""全国纺织产业转移试点园区""中国棉纺织名城""中国差别化纱线基地县"和"纺织产业集群创新发展示范地区"等称号。在竹制品产业领域，被国家林业局命名为"中国竹子之乡"，是"全国丰产竹林培育示范基地县"和"中国竹产业集群县"。

（二）企业实力不断增强

在纺织产业领域，金源纺织、宝源彩纺、华春色纺和恒昌棉纺入选全国棉纺织行业竞争力百强企业、优良发展型企业榜单；金源纺织、宝源彩纺和华春色纺的生产规模为江西省前三名。创新载体加速集聚，拥有消费品工业领域省级以上企业技术中心 2 家、两化融合管理体系贯标试点企业 1 家，省级猕猴桃工程技术中心成功落户奉新县。

（三）品牌战略加快发展

现拥有消费品工业领域产业集群区域品牌建设试点示范区域 1 个、重点跟踪培育服装家纺自主品牌企业 3 家。纺织产业，创建"宝源""金源""金源祥""恒昌""宝春"等知名品牌。竹制品产业，拥有省级著名商标 5 项、省级重点保护产品 6 项、创造省级知名品牌 7 个。食品产业，绿色有机农产品认证达 71 个，"奉新大米""奉新猕猴桃"获得原产地地理标志保护认定，"天工"牌大米获评中国驰名商标认定。

二、"三品"战略

（一）增品种

1. 大力推进竹制品精深加工

拥有竹地板、竹胶合板、竹厨房用具、竹家具、竹楼梯、竹工艺和竹筷等制品企业 80 多家，其中，竹地板产量占全国总产量的 31%，销售额占内销市场的 80%，拥有全国竹地板十大知名品牌 3 家，涌现出以飞宇、康达、华强、华昌、松涛、环宇和亿利为代表的一批各具特色的龙头企业。

2. 积极承接产业转移

以智能、绿色和技术改造为抓手，坚持以转型、提质和创新为目标，奉新县强力实施招商引资，积极承接产业转移，不断壮大纺织产业集群。经过十余年的发展，奉新县纺织产业由小到大，由弱到强，已经发展成为江西省内发展速度最快、纱线生产规模最大、产业链最长的纺织产业基地。借助江西内陆开放型经济试验区发展契机，积极承接电子信息产业转移，发展消费电子产业。

3. 促进产业集群建设

成功创建"全国民营科技产业园""中国中小企业创新服务先进园区""长江经济带国家级转型升级示范园区""全省重点工业园区"和"省级生态工业园区"，纺织产业总体规模达 250 万纱锭，占全省 46%，形成原料—纺纱—织布—印染—成衣的完整产业链，"奉新纱线"区域品牌效益日益凸显。食品工业和竹制品产业龙头带动产业链协同创新发展。

（二）提品质

1. 纺织产业加快升级发展

无卷化率、无结纱率、无梭化率和精梳纱比重（"三无一精"）不断攀升，自动化、高速化等新型纺织技术逐步推进。"机器换人"深入推进，金源、宝源陆续更新先进自动络筒机240台、集体落纱机74台、自动供棉机88台，从华春引进先进倍捻机和并纱机共58台，劳动定额远低于国家纺织行业标准，生产效率和产品质量大为提高。建设奉新县纤检中心作为纺织检测专业机构，确保纺织产品质量。

2. 解决企业突出问题

搭建招聘平台，使务工人员与企业对接，出台优惠政策，促进外出打工人员积极返乡创业就业，保持企业用工良性互动。建立服务企业的融投资中心、设立产业发展资金、科技创新扶持资金，开展银企对接，多策并举，破解企业融资难、成本高的难题。

（三）创品牌

1. 加大本土品牌推介力度

对已有一定影响力的本土品牌，积极推进其与国内主要商超、百货等商业流通领域合作，扩大产品销售规模。持续组织奉新县品牌联盟开展与商业渠道的"抱团"入驻，推动"名品进名店"活动，降低品牌渠道拓展难度与成本。加强对现有品牌的梯度管理，支持龙头企业申请商标国际注册，积极培育中国驰名商标和出口产品品牌，着力打造一批高端品牌，巩固提升一批区域知名品牌。加大品牌力度培育和发展一批具有市场潜力的区域品牌和新品牌，鼓励企业整合品牌，创建省级著名商标、中国驰名商标和生态原产地标志等。

2. 加强区域品牌体系建设

依托纺织、竹木等产业集聚区，挖掘和提升产业特色，扩大区域产品知名度，强化集群区域品牌意识，维护区域品牌形象。鼓励集群企业以区域品牌为标志，借助各种平台和媒介，参加国内外服装服饰、食品、轻工用品博览会、农副产品贸易会等大型展会、节会和行业性会议，开展各种推广和宣传活动，不断提升奉新县地域品牌知名度。

（四）优环境

1. 着力优化营商环境

从土地、资金、人才等多方面对消费品工业发展给予政策支持。出台《关于创新人才发展体制机制加强人才工作的实施意见》《奉新县"营商环境提升年"行动工作方案》《奉新县推进工业升级三年行动计划（2017—2019年）》《关于加快奉新工业经济转型升级的意见》《关于四年翻一番决战工业一千亿的实施意见》等相关文件。

2. 完善产业配套和政府服务

县财政每年安排专项资金，对纺织服装企业技术改造、新产品开发和研发中心建设等给予扶持。建立证照办理、土地供用、政策兑现、纠纷调处的服务通道，推行零距离、零收费、零干扰和零等待的"四零"服务标准。同时完善融资担保服务体系，创新推出金融产品，为企业提供强有力的金融支持。建有远景日处理3.4万吨污水处理厂、每小时70吨集中供汽供热项目、日供水3万吨工业供水厂和占地面积160亩的中江纺织产业园标准厂房。

第五节　湖南省邵阳市邵东市

湖南省邵阳市邵东市地处湘中腹地，是湖南省经济强县（市），近年来大力实施"兴工旺商、转型升级"战略，全力打造"三张名片"、建设"三个邵东"，经济社会得到快速发展，持续深入推进"三品"战略，为推动消费品工业高质量发展打下了坚实基础。

一、基本情况

2019年，湖南省邵阳市邵东市规模以上消费品工业企业实现主营业务收入748.5亿元，同比增长25.1%，其中，出口额155.4亿元，实现利润总额42.4亿元。

（一）主导产业特色鲜明

消费品工业主营业务收入、利润总额均占邵阳市工业产值的80%左

右，拥有打火机、小五金、皮具箱包、印刷包装和中药材等五大优势特色产业。打火机，年产 120 亿只，注塑打火机占全球市场份额的 70%。小五金，年产手工工具 3 亿套件，国内市场份额超过 40%，70% 以上销往欧美、东南亚及我国港台地区。皮具箱包，占国内市场份额 70% 以上，畅销俄罗斯、巴西等 70 多个国家和地区。永吉红包多年蝉联行业产量第一、销量第一以及市场占有率第一。中药材产业，"南国药都"廉桥年交易额突破 82 亿元。

（二）创新载体不断丰富

拥有高新技术企业 320 家，其中，国家级高新技术企业 50 家。消费品工业领域，拥有省级以上企业技术中心、省级以上工业设计中心 1 个、智能制造示范项目 43 个、两化融合管理体系贯标试点企业 5 家、工业企业质量标杆 1 家、省级小巨人企业 8 家，先后被评为全国制造百强县（市）、全省首批创新型县（市）。

（三）提质创牌成果显著

现拥有消费品工业领域产业集群区域品牌建设试点示范区域 7 个、重点跟踪培育服装家纺自主品牌企业 5 家，截至 2019 年年底，邵东市消费品工业拥有有效注册商标 10890 件，其中马德里商标 48 件、驰名商标 3 件、省级著名商标 87 件和地理标志保护产品 2 件，拥有国家级知识产权贯标认证企业 1 家、市级知识产权示范企业 60 家。东亿电气、湘俏米业获得首届"邵东市长质量奖"。2019 年，重点工业产品监督抽检合格率达 96.5%。

二、"三品"战略

（一）增品种

1. 深入推进产业集聚发展

在打火机产业方面，形成上中下游配件生产较为完善的产业链条，是全国最大的打火机出口基地之一，产量与出口数量均居全国第一。在皮具箱包产业方面，相继获评中国皮具箱包生产基地、国家皮具箱包加

工贸易转型升级示范基地。在五金产业方面，年产值200亿元，扳手占全国市场70%。先后引进多家龙头企业，小五金产业链条覆盖原材料生产、小五金制造和装备制造等上下游产业链，以仙槎桥镇为中心，相关生产和服务配套半径为5千米以内。在印刷包装产业方面，聚集企业70余家，其中，永吉红包是全国最大的喜庆用品生产企业，产品垄断欧美市场。

2. 系列政策推动产业创新

发布《关于实施创新驱动战略加快产业转型升级的意见》《关于降低实体经济企业成本的若干意见》《邵东县银行贷款"过桥资金"操作实施细则》等系列优惠政策，设立产业引导基金20亿元、创投基金4亿元、过桥担保资金1亿元、工业发展资金1亿元，统筹全省特色制造产业重点县资金1.8亿元，切实解决民营企业用地、融资和用工等难题，支持民营企业利用高新技术、更新机械设备提升传统产业。

3. 推进园区建设

园区是邵东工业发展的主阵地，全市形成了两大综合性园区和"1+4"工业园区格局，两大园区即邵东经济开发区（省级园区）和宋家塘管理区，"1+4"工业园区即以湘商产业园为核心，包含仙槎桥五金工业园、黑田铺印刷产业园、廉桥医药工业科技园和团山打火机工业园等专业化工业园区。

（二）提品质

1. 大力推进自动化、智能化改造

在全省县级层面率先成立智能制造技术研究院，搭建公共技术服务平台，开展工业品提质专项行动，大力推动工业企业高质量发展，160余家企业实现"机器换人"，自动化、智能化改造成效显著，落实制造强省建设工作，获省政府"真抓实干成效明显地区"的激励表彰。

2. 利用特色农业资源推进农产品精深加工

2019年，邵东市农业生产总值达85.2亿元，农产品加工产值与农业产值比为430%，农产品加工企业1235家，省级龙头企业6家，拥有农民专业合作社1108家，家庭农场520家，农业适度规模经营比例达44.3%。创建中药材特色农业特色产业园省级示范园4个、省现代农业

特色产业集聚区 1 个、市级农业特色产业园示范园 4 个，拥有"三品一标"认证农产品企业 23 家，认证产品 72 个，"邵东玉竹"成功申报国家农产品地理标志产品。

3. 大力推动科技创新和知识产权保护工作

出台《关于实施创新驱动加快发展实体经济的意见》等系列政策文件，鼓励企业转型升级，提升创新能力和水平。打火机、皮具箱包、小五金、印刷和医药五大传统特色支柱产业转型集聚发展，电子信息、装备制造、新材料等新兴产业不断壮大。获得"国家知识产权强县工程示范县""全省知识产权工作先进县"等荣誉。

（三）创品牌

1. 以商贸促品牌

深度融入湖南省"创新引领、开放崛起"战略，立足邵东特色优势产业和商贸物流发达的传统优势，以转型升级为主线，以承接产业转移为契机，以产业链建设为重点，以打造湖南省轻工业振兴先行区为抓手，大力实施"三品"三大专项行动，抢抓国内外产业分工细化和产业产能转移的机遇，积极融入粤港澳大湾区、长江经济带产业体系，加快构建完整的内需体系，推动"邵企出海、邵品出境"。

2. 促进外向型经济发展

加强国际产能合作，打造跨国界产业链，建设"邵东总部+国外生产基地"经济模式。在泰国、老挝设立湖南工业园，已有 20 余家企业入驻。大力发展会展经济，成功举办三届"邵东五金机电博览会"，交易额逐年攀升，2019 年更是突破 60 亿元大关。依托泰国、尼日利亚等国家的湖南商会搭建"邵品出境"平台，支持优势产业组建产业联盟抱团出海，在境外开设销售批发中心 110 个、零售店铺 3680 个，并在 26 个国家设立了营销中心。

（四）优环境

1. 大力发展民营经济

作为湖南省首个民营经济发展与改革试验区，民营企业贡献全市 80%以上的生产总值、税收、就业岗位和 100%的外贸出口。建有 30 多

个专业商贸市场，年成交额超过 300 亿元。拥有全国可持续发展试验区、全国打火机和箱包外贸转型升级示范基地、全国科技进步先进县、全国电子商务进农村综合示范县、全省特色县域经济县、全省特色制造产业重点县等区域发展名片，跻身全国制造业、营商环境百强县（市），创建省级首批创新型市。

2. 政策引领推动消费品工业发展

印发《邵东市人民政府办公室关于成立邵东市消费品工业"三品"战略工作领导小组的通知》，成立由市委书记、市长任组长的邵东市消费品工业"三品"战略工作领导小组，出台《邵东市 2020—2021 年消费品工业"三品"专项行动实施方案》，切实加强市场监管，营造良好市场秩序，积极引导企业不断"增品种、提品质、创品牌"。

第六节　四川省宜宾市翠屏区

消费品工业是四川省宜宾市翠屏区支柱优势产业，近年来，聚力提升壮大名优白酒、绿色食品和特色轻工三大传统优势消费品产业和智能终端、汽车两大新兴产业，深入实施"三品"战略，打造在成渝地区乃至全国具有比较优势和影响力的"3+2"消费品工业集群，成为成渝地区消费品工业发展的核心支点之一。

一、基本情况

2019 年，四川省宜宾市翠屏区规模以上消费品工业企业实现主营业务收入 1318.5 亿元，同比增长 12.3%，其中，出口额 96.8 亿元，实现利润总额 264.9 亿元。

（一）产业地位不断提高

翠屏区消费品工业规模以上企业数量占全区比重超过 88%，工业总产值和主营业务收入占比超过 90%，税收总额占比超过 95%。其中，拥有五粮液、叙府、天府龙芽、碎米芽菜、戎陈坊大头菜等多家知名食品酒类企业；中兴、朵唯、苏格、领歌、酷比、康佳、裕同科技、极米科技、中星技术以及泽平等 158 家知名电子信息企业；凯翼汽车、奇瑞汽

车、奇瑞新能源、美达、科陆新能源、湘邻科技、四川时代以及吉利时代等八家汽车及其产业链配套企业；拥有临港智能产业园、长江工业园、大学城和科创城等消费品工业发展平台。

（二）科技创新能力突出

在消费品工业领域，拥有省级以上企业技术中心14家、省级以上工业设计中心4家、两化融合管理体系贯标试点企业3家、工业企业质量标杆2个、院士工作站2个、博士后工作站1个。其中，五粮液公司工业设计中心是宜宾市首家国家级工业设计中心。川茶集团企业技术中心是全国唯一一家茶叶加工类国家级企业技术中心，成功组建川茶产业技术研究院、产业商学院。

（三）品牌战略成就显著

拥有"中华老字号"1个，中国驰名商标10件，省级著名商标16件，地理标志产品6个。其中，五粮液借助中国国际进口博览会等多个国际大舞台积极发声，进一步提升国际影响力。成功入选欧盟认可的中国地理标志品牌，品牌价值位列世界品牌500强中的第302位，2020年11月，五粮液品牌价值首次突破10000亿元。

二、"三品"战略

（一）增品种

1. 大力发展特色轻工和新兴行业

与国际竹藤组织、中国工艺美术学会等建立战略合作关系，成立省级院士（专家）工作站、宜宾林竹产业研究院和宜宾竹产业学院。着力培育以智能终端产业为主的电子信息产业，积极承接东部沿海产业转移，全力打造产业集群，截至2019年年末，全区智能终端产业累计签约项目185个，进入规上工业统计企业66户，集群发展态势初步形成，2019年，翠屏区智能终端进出口贸易额占全市总额的50.6%。

2. 实施拳头产品打造行动

做深做强主导产品，提升产品精细化程度，着力打造优质白酒、早茶、红茶、新能源汽车、智能投影仪、樟油日化品、肉类制品、宜宾大

头菜、宜宾芽菜、永兴莲藕等一批富有地域特色、品质保障度高、品牌影响力强的优势特色消费品。加快推动酿酒、早茶、竹、绿色食品、智能终端等领域发展时尚化、功能化、绿色化消费品。支持运用新技术、新工艺、新设备，推动企业打造技术含量高、产品附加值高、设计精美精细、市场潜力大的拳头产品。

3. 支持工业创新设计

推动形成以五粮液集团公司为核心支撑，叙府酒业、古叙酒业、李庄酒厂、川兴酒业、叙州液酒业、藕海酒业等白酒企业协同向好发展的产业发展格局，着力提升多粮浓香白酒核心产区知名度、美誉度、影响力，打造具有竞争力的世界级优质白酒产业集群。

4. 着力优化白酒产业体系

在食品工业领域，结合乡村振兴战略和农业"6+3"特色产业规划，推动新型工业化和农业现代化深度融合，打造区域特色突出的优质食品供给基地。重点发展冷鲜肉制品、调理肉制品、特色川菜制品、休闲肉制品等肉类制品，做优做强绿茶和红茶，加大茶食品、茶饮料、茶保健品等下游产品开发，延伸产业链，提高附加值。加快推动宜宾燃面、宜宾芽菜等特色食品的工业化、标准化、品牌化、规模化与集约化发展。

在竹制品产业方面，建设竹产业融合发展示范高地和国内一流樟油日化产业园。竹加工产业，引进和培育竹木板材、重组竹材类企业，以长江工业园为载体，打造四川省竹建材生产基地。

（二）提品质

1. 提升质量监管能力

区域内建有检验检测、认证认可机构3家，分别为国家白酒产品质量监督检验中心（四川）、宜宾市食品药品检验检测中心与宜宾市产品质量检验所，基本覆盖名优白酒、绿色食品、特色轻工、智能终端以及汽车等消费品工业领域，消费品质量抽检合格率达99.1%。

2. 实施"质量强区"战略

积极支持企业联合科研院所，开展关键技术攻关和工业设计创新，推进新技术、新产品、新工艺研发应用。鼓励和支持优秀消费品工业企业导入卓越绩效管理模式，对标先进标杆企业推动产品提质升级。引导企业增

强质量、品牌和营销意识,强化质量人才培育和引进。弘扬企业家精神、工匠精神,实施精细化质量管理,重点企业推行首席质量官制度。

3. **强化产品对标引领**

鼓励企业开展先进技术标准攻关和对标行动,积极主导或参与国际、国家标准和行业标准的制订修订,抢占制高点,提高标准话语权。重点聚焦名优白酒、精制茶等主导产业,积极实施标准创新型企业、采用国际先进标准企业创建活动,提高白酒与精制茶产业标准化水平。支持消费品生产企业开展技术标准创新活动,以标准为手段推动科技成果转化。

4. **推进"两化"深度融合**

建设互联网个性化定制平台,以工业4.0为导向,建设互联网个性化定制平台,开发个性化定制(O2O)与云制造系统。贯彻实施国家、省市大数据发展战略,加快大数据产业在名优白酒、绿色食品、特色轻工三大传统优势消费品产业和智能终端、汽车两大新兴消费品产业中的开发与应用,深入推进"两化"深度融合。提升传统产业软硬件系统水平,实施农产品冷链物流信息化、电子追溯系统平台等两化融合项目,支持企业开展产品与装备智能化行动,打造"研发—生产—销售—信息"一体化平台。

(三)创品牌

1. **大力实施品牌强区战略**

积极推进名牌培育行动,不断促进产业转型升级、提质增效,打造一大批"翠屏造"品牌。目前,拥有"五粮液""叙府""天府龙芽""碎米芽菜"等中国驰名商标10件,"五粮液"中华老字号1件,"五粮液""宜宾酒"等地理标志产品6件,四川省著名商标18件,四川省名牌产品16个。"天府龙芽"系四川省唯一区域公共品牌。翠屏区先后支撑宜宾市获得"中国(宜宾)白酒之都""世界十大烈酒产区"等荣誉称号。

2. **实施龙头企业梯度培育工程**

实施千亿企业培育行动,重点支持五粮液集团做强做优做大。实施百亿企业培育行动,支持凯翼汽车建成100亿级企业。实施规上企业培育行动,加强名优白酒、绿色食品、特色轻工等中小微企业扶持力度,

力争每年新增消费品规上工业企业20户以上。实施冠军企业培育行动,支持极米科技、四川时代(宁德时代)等有条件的企业争创国家制造业单项冠军示范(培育)企业。

(四)优环境

1. 切实加强质量基础建设

围绕"健康产业高地、宜业宜居宜游国际化都市新城"发展定位,以提升发展质量和效益为中心,深入实施质量强区战略,开展质量品牌提升,推动质量多元共建,提升产业、产品、服务、工程、人居质量整体水平,提升区域综合竞争力,促进消费品工业经济提质增效。

2. 强化政策合力

出台包括《宜宾市关于加快推进工业品牌建设的实施意见》《宜宾市加快建设现代工业强市的若干政策措施(试行)》《宜宾市推动制造业高质量发展加快建设现代工业强市十条政策措施》《翠屏区促进工业企业发展的若干扶持政策(试行)》等多项政策,大力支持消费品工业"增品种、提品质、创品牌",同时,在白酒产业、绿色食品加工业、竹产业、智能终端产业、新能源汽车产业等领域出台专项支持政策,覆盖从中小企业到规上企业的各种企业类型,既为企业"供给燃料",又为企业"松绑减负"。

第七节　宁夏回族自治区吴忠市利通区

宁夏回族自治区吴忠市利通区深入贯彻消费品工业"三品"战略,坚持以"调、转、增、融"为发力方向,依托金积工业园区,着力发展"3+X"工业产业体系的绿色食品加工、装备制造和现代纺织产业,拥有一批驰名全国的知名企业和品牌产品,推动消费品工业转型升级,塑造产业竞争新优势。

一、基本情况

2019年,宁夏回族自治区吴忠市利通区规模以上消费品工业企业实现主营业务收入135.5亿元,同比增长1.6%,实现利润总额11.9亿元。

（一）产业地位不断提高

利通区绿色食品行业、纺织工业在西部甚至全国占据行业领先地位，其中，绿色食品行业发展形成以乳制品、鹿胎素、枸杞氨基酸、胶原蛋白肽、亚麻籽油、调味品、牛羊肉、优质大米等富硒产品精深加工为主要发展方向的优势产业集群。纺织产业形成以纺织服装、羊绒制品等为核心的服装纺织生产基地，涵盖家纺、服装、皮革制品等众多领域。

（二）"三品"战略实施路径清晰

抢抓宁夏建设"黄河流域生态保护和高质量发展先行区"战略的发展机遇，以"创新+创造"增品种，提升产品创新设计水平，强化产业研发创新能力，增加消费品精品供应。以"智造+管理"提品质，加快推动智能化发展，推行先进质量管理体系，组织实施标准化战略，推进质量检验检测和认证。以"互联网+文创"创品牌，着力提升现有知名品牌知名度，重点培育自主创新品牌，加快发展"互联网+"消费模式。

（三）科技创新成效突出

在消费品工业领域，拥有省级以上企业技术中心 21 家、两化融合管理体系贯标试点企业 13 家、纺织服装创意设计试点示范园区 1 家、国家级高新技术企业 12 家、国家级科技型中小企业 18 家、"星创天地" 2 家、自治区科技型中小企业 56 家与自治区"专精特新"中小企业 61 家。宁夏伊利乳业获评 2020 年自治区制造业行业领先示范企业，君星坊等 4 家企业获评"科技助力经济 2020"重点项目。金积工业园区被认定为"自治区级高新技术产业园区"。

（四）提质创牌成就显著

成功打造"全国黄金奶源基地""中国塞上硒都""中国亚麻籽健康产业之乡""中国新兴纺织产业基地"等产业名片。拥有消费品工业领域产业集群区域品牌建设试点示范区域 1 个、重点跟踪培育服装家纺自主品牌企业 10 家。绿色食品工业，先后创建中国驰名商标 13 个、中国最具影响力品牌 3 个、宁夏名牌产品 19 个，34 家食品企业取得国家 A 级"绿色食品"证书，"国海牌"亚麻籽油精装铁桶压被评为第 22

届中国农产品加工业投资贸易洽谈会优质产品，中桦雪获得2019年中国富硒好米入围奖。

二、"三品"战略

（一）增品种

1. 推动绿色食品工业创新发展

聚集了伊利乳业、夏进乳业、红山河调味品、春升源、法福来、君星坊等一批优势骨干企业。全区贯彻落实《吴忠市沿黄科技创新改革试验区实施方案》，深化校地合作，与江南大学等高等院校合作建设食品研发中心和宁夏亚麻籽产品及蛋白科学研究院士工作站；与清华大学等高校合作，先后建设8家研究中心，建设富硒粮食加工双创服务平台、产品质量智慧云追溯平台、吴忠市富硒功能农业博士工作站和富硒功能产品研发检测中心；邀请国内外乳制品产业资深专家，组建中国（宁夏）奶产业研究院。

2. 推进产业集群建设

在纺织产业方面，近年来引进恒丰纺织集团，实现纺织业从无到有，创造了"恒丰速度"，促进纺织业形成"森林效应"，着力打造"中国西部纺织之都"，先后培育恒丰纺织、瑞斯特、德悦高端纺纱等一批龙头企业，具备年产45万锭多功能纱线、5000万米高端家纺面料、1万锭羊绒纱、200万件裘皮服饰、1000件万服装的生产能力。

在乳制品产业方面，以树立全国奶业产业创新驱动发展新标杆为目标，全力打造"全国最大液态奶加工基地"，2019年生产乳制品68万吨，乳制品销售收入达到78亿元，奶业全产业链总产值达到120亿元。

3. 巩固培育创新设计平台

依托吴忠市国家级知识产权试点城市、金积工业园区国家级创业创新示范基地优势，建立健全创新机制，鼓励企业与科研院所、大专院校建立科技合作交流，开展"产学研"合作。引导伊利乳业、夏进乳业、精艺裘皮、恒丰纺织等20多家企业与中国农业大学、江苏大学、四川大学、哈尔滨工业大学等科研院所，建立"产学研"合作基地及"卓越工程师"实习基地。

4. 实施"工业+文化"行动

组织"创青春"创业创新大赛，推动消费品工业研发设计平台建设，拓展"互联网+"的研发设计资源共享、研发设计外包众包及社会力量参与互动的研发设计新模式，加快工业设计与消费品工业的深度融合，促进设计成果转化，推出一批工业设计精品。

5. 推进棉纺产业绿色发展

加快开发新型纺纱、织造等技术，研究和发展棉与纤维的混纺针织面料，延长棉纺织加工产业链。引进喷气涡流纺纱等先进技术，重点突破印染瓶颈，研发植物印染，推广少水和无水印染、中水回用等新技术，开发数码印染技术。

（二）提品质

1. 加强国内外对标和产业基础改造升级工作

消费品工业重点企业对标国际先进企业，采用或参照国内外先进标准组织生产，其中绿色食品产业强制性产品认证100%覆盖。此外，拥有国家级"两化"融合贯标试点企业13家，自治区级工业物联网示范试点企业和数字化智能化制造试点企业6家，宁夏工业云创新服务平台被工信部列为全国首批推广工业应用示范平台之一。

2. 构建消费品工业与互联网融合"双创"体系

积极开展科技型"双创"主体培育，采取"政府搭建平台、平台集聚资源、资源服务创业"的方式，发挥宁夏伊利乳业、夏进乳业、红山河调味品、恒丰纺织、精艺裘皮等全国领先的消费品工业骨干企业的带头示范功能，共同搭建多主体协同、跨区域合作、创新资源共享的产业链协同创新平台。

（三）创品牌

1. 大力推进品牌创建

支持企业参与名牌名标认定和品牌创建，拥有中国驰名商标13个、宁夏著名商标57个、宁夏知名农业企业品牌5个、宁夏特色优质农产品品牌5个。认证"三品一标"农产品277个，其中，吴忠亚麻籽油成为全国首个亚麻籽油地理标志产品。

2. 支持外向型经济发展

充分发挥宁夏内陆开放型经济试验区等国家级平台作用,积极承接东部地区产业转移,实现"买全球、卖全球",打造丝绸之路经济带"黄金节点"和国家向西开放桥头堡。重点培育宁夏吴忠金积工业园区,推动其进入国家级高新技术产业开发区的行列,借助更高层级的平台扩大更高水平的对外开放。

3. 实施品牌培育计划

支持纺织服装、健康食品等行业企业向自创品牌发展,在富硒食品、乳制品、调味品等领域创建国内知名品牌。加大知识产权保护力度,创建有利于品牌发展的长效机制和良好环境。支持企业参加国内外会展,加大对优质品牌的宣传和推广,组织争创中国驰名商标、宁夏著名商标、宁夏名牌产品和中国质量奖等活动。

(四)优环境

1. 培育创新型企业发展梯次

按照科技型中小企业、技术创新示范企业、高新技术企业等不同层级,分类指导,开展梯次培育,重点培育具有持续创新能力、自主知识产权、引领行业发展的技术创新示范企业。鼓励行业骨干企业牵头、"政产学研用"结合的产业技术创新联盟,与国内外一流科研院所、知名院校合作建设科技成果转移转化中心,促进创新资源向企业集聚,激发企业创新主体的内生动力,大力引进、建设和发展一批公共技术研发平台,培育和招引制造业技术创新人才。

2. 加大科技创新资金支持

逐步建立科技创新资金支持财政投入稳定增长的长效机制,年度列支科技发展计划专项资金总额达到公共预算收入的 1.3%,每年用于 R&D 的投入增速达 30%以上。改进财政支持方式。建立公益性、基础性、社会性科技创新稳定支持机制。财政 R&D 支出的 50%用于产业科学技术的研究与试验,30%用于企业科技创新活动后补助,20%用于支持服务业科技创新。落实好企业研发费用加计扣除等政策,鼓励企业开展自主创新。

第八节　山东省青岛市莱西市

山东省青岛市莱西市逐步形成了以食品工业为核心，涵盖轻工、纺织、医药、消费电子等产业的消费品工业体系，主导产业特色鲜明，三产融合发展良好，产品研发能力突出，集群集聚效应不断凸显，拥有一批驰名全国的知名企业和品牌产品。

一、基本情况

2019 年，山东省青岛市莱西市规模以上消费品工业企业实现主营业务收入 310.4 亿元，同比降低 2.4%，其中，出口额 75.6 亿元，实现利润总额 10.1 亿元。

（一）主导产业特色鲜明

在食品工业领域，全市熟食畜禽产品出口量占全国总量的 25%，九联鸡肉产品年出口量 3.65 万吨，连续 12 年国内排名第一，国内雀巢咖啡全部实现莱西生产。莱西市还是全国最大的花生加工基地，出口量占全国 30%左右。在纺织工业领域，初步形成涵盖棉纺、毛纺、化纤纺、麻纺、针织、服装、服饰、印染、制鞋等门类较为齐全的工业体系。荣获"全国综合实力百强县""全国县域经济基本竞争力百强县""全国食品工业强市"等称号。

（二）科技创新能力突出

在消费品工业领域，拥有省级以上企业技术中心 11 家、智能制造示范项目 1 个、两化融合管理体系贯标试点企业 2 家。2019 年，全市规模以上消费品工业企业研发投入强度达到 1.08%，居同类城市前列。

（三）品牌战略深入推进

拥有消费品工业领域产业集群区域品牌建设试点示范区域 1 个、重点跟踪培育服装家纺自主品牌企业 10 家。九联集团获得农业部"中国十大农产品出口品牌"荣誉称号和农业农村部"一企一业"农产品加工业发展典型模式，莱西大花生是青岛市唯一入选山东省特色农产品优势

区的品牌。建设农产品标准化生产基地 40 处，31 个产品获得绿色食品认证，24 个产品获得有机食品认证。

二、"三品"战略

（一）增品种

1. 加大扶持科技创新力度

加快食品饮料和生物医药产业的创新发展，在对高新技术和重点产业支持的同时，加大对传统优势产业食品饮料产业的扶持力度，引导传统产业加快技改步伐，提高传统产业新技术、新工艺、新装备的应用水平，促进产业、产品优化升级，形成特色鲜明，带动性强的全链条协同创新基地。

2. 加快科技成果转化落地

积极推进科研院所、高校和企业产、学、研、用的紧密结合，鼓励企业建立产业创新技术推广应用联盟，加速适用、实用技术的推广应用。加强技术协作，提高成果转化扩散速度，推动科研成果产业化进程。

3. 推进食品工业集群发展

坚持主动出击，积极招引九联、万福、德州扒鸡、雀巢、希杰、汉莎食品等企业，加强与国内外食品饮料行业的知名企业、开设食品相关专业的高校院所，以及上下配套企业的对接互动，推动特色产业提档升级，吸引更多更高端全产业链项目落户本地创新创业。

（二）提品质

1. 推进工业产业集聚区建设

莱西食品产业集聚区被认定为山东省示范基地和青岛市重点工业产业集聚区，纺织服装与鞋帽产业集聚区为青岛市级示范基地，集聚区为全市消费品工业的发展壮大、提质增效、升级发展提供了良好的平台和优质的资源条件。

2. 推动传统优势产业升级发展

近年来，先后实施国家、省、青岛市多项科技创新和成果转化计划项目，推动产业升级改造、创新发展。其中，青岛联盛益康食品科技有限公司获认定为山东省现代优势产业集群+人工智能示范企业，青岛长寿食品有限公司建成国内最大的低温制取花生蛋白同步提取花生油生产线，提升了花生蛋白、花生油的深度加工利用水平。

（三）创品牌

1. 以特色食品工业带动三产融合发展

莱西市先后荣获"首批国家级农业产业化示范区""国家生态示范区""省文明城市""省农业'新六产'示范县"等称号，莱西市也是2015年、2019年两届世界休闲体育大会举办地、亚洲金旅奖·首批十大休闲旅游目的地、中国十大全域旅游示范市和国家休闲城市综合标准化城市。以特色食品工业带动三产融合发展，涌现出一批典型模式，如九联集团全封闭标准化肉鸡饲养基地与国际先进生产加工流水线，被誉为"九联模式"，农工利益联结紧密，在全国得到推广。

2. 实施品牌建设拓展计划

制定品牌发展战略，构建品牌管理体系，提升品牌创建能力，推动莱西产品向莱西品牌转变。引导支持食品加工、纺织服装、生物医药、轻工等制造企业与电商平台开展合作，拓宽营销渠道，丰富线上营销、线下体验的新内涵，扩大品牌知名度和影响力。

（四）优环境

1. 着力优化空间布局

立足产业实际，制定产业规划。结合新一轮土地总体利用规划调整与市委市政府对沽河食品饮料产业集聚区的定位，聘请上海同济建筑设计院编制区域发展规划，有效划定生产、生活、生态三大空间布局，为持续快速发展提供有力支撑。

2. 推进招才引智工程

出台《关于人才支撑新旧动能转换工作的实施意见》《莱西市支持"双招双引"和实体经济高质量发展若干政策》，加快实施顶尖人才引领、领军人才扩容、沽水英才培育和基础人才集聚工程，对全职引进或自主培育院士等顶尖人才、"万人计划"专家、泰山系列人才、青岛创新创业领军人才给予相关补贴，累计引进高层次人才160名、基础人才11866名。

企 业 篇

第十一章

重点消费品企业研究

第一节 西王集团高质量发展之路

一、企业概况

西王集团有限公司始建于1986年，形成了玉米深加工、特钢、物流以及国际贸易等多个产业的全国大型企业，主要产品有玉米果糖、食用级和药用级葡萄糖、果葡糖浆、葡萄糖酸钠、麦芽糊精、玉米油、特钢等，主导产品已打入国际市场。山东西王糖业有限公司是西王集团有限公司下属子公司，是亚洲主要的淀粉糖生产基地、麦芽糊精生产基地，全球主要的注射葡萄糖原料生产基地。公司年加工玉米300万吨，拥有先进的玉米加工流水线，拥有国内掌握核心技术并实现规模化生产的玉米果糖生产线，拥有5个药品批准文号，主要产品为果糖、药用葡萄糖、食用葡萄糖、葡萄糖酸钠、麦芽糊精、玉米淀粉等，产品广泛应用于医药、食品、发酵、化工、饲料等行业，与国内外众多知名企业建立了长期战略合作伙伴关系，葡萄糖、果糖、麦芽糊精等产品出口亚洲、欧洲、非洲、南美洲等40多个国家和地区。

西王集团是全国最大的无水葡萄糖原料药生产企业，生产的药用无水葡萄糖产品占国内药用无水葡萄糖输液市场份额的85%。受疫情影响，用于救治病患、防控疫情的大输液产品需求量随之激增，多家医药企业向西王集团发出了大量的订单采购意向，西王集团克服重重困难，紧急复产以满足国家和市场需求。

二、发展战略

（一）研发创新助推企业提质增效

西王集团重视科技创新能力的提升，先后承担国家、省重点项目40余项，拥有300多项自主知识产权、专利270件，累计获得省部级以上科技成果鉴定30余项。近年来，西王集团依托企业国家博士后科研工作站、国家认定企业技术中心等系列科研平台，以及省科技厅支持西王集团研发平台建设的战略机遇，大力研发玉米精深加工新技术、新产品，促进玉米深加工由初级加工向精深加工不断迈进，实现了由初级产品玉米淀粉到葡萄糖、麦芽糊精，再到药用级无水葡萄糖、结晶果糖等高新产品的升级；玉米加工副产品胚芽加工成高附加值产品的玉米胚芽油和保健玉米油。同时，融合公司科研力量自主创新的结晶果糖技术成功实现了结晶果糖生产的自动化、规模化，打破了国际果糖工艺技术垄断，填补了国内空白。

（二）塑造品牌提升企业产品价值

围绕着"中国糖都""中国玉米油城"称号，塑造西王的整体品牌。首先，以高端产品定位，确立健康主题。西王玉米油、果糖、低聚糖等终端品牌消费品定位在中高端产品，以"纯天然""绿色""健康"为主题，树立大健康产业概念。其次，加大产品品牌延伸推广，不断开发新型系列产品。继续延伸下游产品，适应各个层次、各个年龄阶段消费者的产品诉求，提高产品价值差异化竞争优势。再次，以西王北京运营中心为依托，引进高素质的品牌策划和市场营销人员，创新营销策略，复合开发渠道，实施营销策略和广告宣传策略，构建终端品牌消费品市场营销网络体系，塑造中国高端健康食品第一品牌。最后，融合企业文化，拓展品牌的文化内涵。重视对企业文化的挖掘、提炼、总结、创新及提升，构筑具有西王特色的企业文化，借助企业文化的力量支持品牌建设，提高品牌建设的深度和广度，提升品牌价值。

（三）智能化改造驱动企业生产模式转变升级

玉米精深加工和特钢是西王集团的两大主力产业，近年来，西王实

施智能化制造计划，通过与中国科学院自动化研究所合作，对两大主业进行工业化、现代化提升改造，实现了从原料入厂到产品出厂全部实现机械化、自动化、智能化控制。目前，西王食品已建设了国内首个食用油类智能化注塑车间，全自动食用油瓶坯注塑生产线、全自动瓶盖注塑生产线和全自动提环注塑生产线，构成了智能化注塑车间，整个车间由D-net智慧工厂控制系统进行中央控制，彻底改变了传统塑料包装产品的生产模式。

（四）构建循环体系引领企业绿色发展

西王集团始终把循环经济的理念贯穿到发展中，大力推行清洁生产，发展循环经济，节能减排，探索出了主产品、副产品、能源利用、水循环利用的多条循环经济产业链条，实现废物资源化、无害化以及低投入、高利用，以最小的成本获得最大的经济效益和社会效益，形成了主产品递延开发、副产品综合升值、能源有效利用、环境保护纵深发展的资源节约型、环境友好型企业，其原料总利用率高达99%以上，产品总收率达到97.5%以上。同时，西王集团特钢板块的余热经过回收，用于玉米精深加工板块的蒸发、烘干，玉米精深加工板块的中水用于特钢生产的冷却水，构建了大的循环体系，实现了轻、重工业的综合发展、协调发展。

三、启示与借鉴

（一）产品多元化升级

西王集团不断实现创新突破，加快产品升级，由初级产品玉米淀粉到葡萄糖、麦芽糊精，再到药用级无水葡萄糖、结晶果糖等高新产品的升级，同时自主创新的结晶果糖技术破了国际果糖工艺技术垄断，填补了国内空白。食品行业未来面向消费升级需求的变化，需要积极加快面向新消费需求的产品开发，大力发展富含营养、附加值高的有机食品、保健食品、功能食品等。

（二）产业链供应链体系智能化

西王集团加快产业链供应链升级，形成了药用级和食品级两个产品链条。新冠肺炎疫情期间，通过信息化、智能化生产线，实现了从原料进厂，到产品出厂的机械化、自动化、信息化和智能化，确保产品正常生产，保障药企原料需求，为新冠肺炎疫情防控提供"弹药"。传统食品产业的智能化、绿色升级是未来产业链升级的必然趋势，智能化改造驱动产业生产模式的提质升级势在必行。

第二节　天能集团依托绿色设计提升产品绿色品质

一、企业概况

天能电池集团股份有限公司（简称天能集团）成立于1986年，现已成为以电动车环保动力电池制造为主，集新能源汽车锂电池、风能太阳能储能电池的研发、生产、销售，以及电池回收、循环利用等为一体的大型实业集团。截至目前，天能集团已在浙、苏、皖、豫、黔等五省建成十大生产基地，下属子公司30多家，是中国电池行业的领军企业，综合实力位居全球新能源企业500强、中国企业500强、中国民营企业500强、中国电池工业10强。天能集团以"成为全球领先的绿色能源方案解决商"为战略目标，在蓄电池领域率先打造"生产—销售—回收—冶炼—再生产"的闭环式绿色产业链，持续推行绿色设计和绿色制造，并于2019年11月入选工业和信息化部第一批工业产品绿色设计示范企业名单。天能集团的产品绿色设计实践对我国电池工业绿色发展具有重要意义。

二、发展战略

（一）搭建产品绿色设计平台

近年来，天能集团按照"举生态旗，打智造牌，走循环路"的战略布局，在行业内率先开展绿色设计，全面实现工艺装备的清洁化、智能化，提供智慧能源系统解决方案，对电池产品进行全生命周期管理，实

现了资源综合高效利用，经济效益和环境效益明显。

引入产品生命周期管理系统，以信息化提升绿色设计能力。天能集团通过实施产品生命周期管理系统（PLM），构建大研发平台，实现人人创新的机制，实现研发型号相关信息的快速共享的同时保障资料的信息安全。集团研发项目采用统一平台分类别区分管理，同类项目标准统一。梳理零部件分类属性，建立主材的零部件库，逐步实现一物一码。引入产品成本预估工具，辅助决策，削减无法盈利的研发项目，提高研发资源有效利用率，实现研发项目进度的各类统计报表，与 SAP 无缝集成，与 BOM 工艺路线实时同步。PLM 管理系统将人、过程和信息有效集中在一起，作业于整个生产，遍历产品从概念到报废的全生命周期，支持与产品相关的协作研发、管理、分发和使用产品定义信息，为电池生命周期评价工具开发及数据库建立奠定了很好的基础。

开展生命周期绿色评价，实现全过程优化与升级。天能集团应用产品生命周期评价方法（LCA），评价从电池原材料的获取、生产、运输、销售、使用到最终废弃处理的过程中对环境造成的影响，优化原材料选择，产品设计和制造方案以及电池资源化再生利用，建立若干模型、数据模块。通过引入计算机模拟仿真、计算机辅助设计、模块化设计、组建数据库等先进方法和工具，建成以减少原材料消耗、污染物排放、实现节能减排为特点的系统模型。通过评价电池全生命周期的环境影响大小，根据实际调研数据并进行核实后，利用德国 Gabi 生命周期评估软件进行数据的分析处理，用以建立生命周期评价科学完整的计算程序，提出电池绿色设计改进方案，从而大幅提升电池的生态友好性。

建设全生命周期绿色设计研发体系。以产品全生命周期管理为核心，通过 PLM 进行产品全生命周期管理，运用 LCA 进行全生命周期绿色评价，以价值实现的过程打通内部各环节，实现全过程的整体优化与升级，包括概念、设计、验证、试制、发布、使用及回收的全生命周期管理。以减量增效、无害设计、绿色制造、寿命跟踪及循环利用为要求，实现产品的绿色生态化设计生产。天能集团产品绿色设计开发过程主要包括 5 个阶段：①计划和确定项目；②产品设计和开发；③过程设计和开发；④产品和过程确认；⑤反馈、评定和纠正措施。为提高绿色设计工作效率，天能集团制定了《绿色设计开发控制程序》，对公司新产品

的设计和开发过程进行有效控制,以确保产品环保性、适用性和经济性,保证设计结果既满足客户要求,又能提升绿色属性。

(二)打造绿色设计新模式,提升产品绿色品质

在产品原料绿色化方面,天能集团致力于开展再生原料替代原生料,积极布局再生铅生产基地,通过研制再生铅精炼除铜组合物除杂剂、引入绿色供应链管理模式提高电解铅中再生铅利用率等措施,再生铅利用率在35%以上。通过改性、烘干、注塑等工序重新制成铅蓄电池塑壳,天能集团塑壳再利用率达到85%以上。

在有毒有害物质减量化方面,每年均有大量的生态措施推广应用,如"铅—钙—锡—铝"四元绿色合金完全替代"铅—锑—镉"三元合金,从根本上减少了锑、镉等有毒有害物质的使用。"三阶段变电流低温内化成先进工艺"使得废水产生量减少了95%,硫酸雾废气减少了90%,节能达35%,电池循环寿命延长40%左右。

在生产工艺及装备绿色化方面。天能集团实施了集中供铅工艺、内化成工艺以及铅锭冷加工造粒、自动全密闭合膏、自动双面涂膏、能量回馈式充放电、机械化分板刷板、自动铸焊及密闭式自动灌酸等一系列绿色技术改造,在设计、生产过程中引入了诸多铅减量化、减酸及废酸回收工艺技术,最大限度地节约铅、浓硫酸等主要原材料。

在能源利用低碳化方面,全面推行集中供铅和无镉铅酸蓄电池多阶段内化成工艺,熔铅和输铅管道均采用电磁加热方式,采用铅锭冷切工艺替代传统熔融造粒工艺,铅粉机使用自动温度控制器提供特定温度,采用变频控制铅粉球磨系统和脉冲式袋料器与排料系统,风机、空压机采用变频控制。

在污染治理高效化方面。全面采用行业先进的环保治理技术,如铅尘、铅烟等涉铅部位均采用梯级微负压收集系统,运用"初级沉降+滤筒+高效过滤器"的工艺进行处理;酸雾采用二级碱液喷淋处理工艺,确保废气稳定达标排放。

在全生命周期绿色设计和管理模式下,天能集团实现了产品线的优化和品质提升,在动力电池领域完成了38款差异化的新产品开发,在储能、备用电源领域完成了相关技术储备和75款新产品的开发,完成

了13个工艺项目的研究攻关，组织创新能力与效率显著提升。以天能H6/云电池为例，通过运用生态化绿色设计，创新性的采用绿色材料，并通过智能化生产，使新一代产品在综合性能上提升70%以上，循环寿命提升77%，产品质量上获得大幅度提升。天能集团与中国标准化研究院、浙江大学等单位联合编制了《绿色设计产品评价规范铅酸蓄电池》（T/CAGP 0022-2017、T/CAB 0022-2017）、《绿色设计产品评价规范锂离子电池》（T/CEEIA 280-2017）等绿色设计标准，天能集团生产型号为6-DZM-12、6-DZM-20和6-DZM-22.3的电池被评为绿色设计产品，引领电池行业绿色可持续发展。

三、启示与借鉴

（一）加强技术研发提高产品品质

重视电池关键共性技术的研发力度，尤其是电池成组和系统集成技术，大力推进协同创新，整合研发资源，建立跨行业、跨领域的创新联盟，形成创新研发合力。加强原材料、电池质量、管理等方面的控制管理，提高电池一致性。

（二）重视绿色设计和全生命周期管理

加强产品绿色设计和科技创新，积极引入PLM生命周期评价管理系统，实现"产品原料绿色化、有毒有害物质减量化、生产工艺及装备清洁化、能源利用低碳化、污染治理高效化"的绿色设计产品新模式，大幅提升产品绿色品质。

第三节 九牧厨卫践行"三品"战略，引领泛家居行业智能化转型

一、企业概况

九牧厨卫股份有限公司（以下简称"九牧"）创立于1990年，总部位于福建省南安市，是目前国内大型卫浴洁具产品制造商和供应商之

一，是目前行业内首家品牌价值突破 400 亿元的企业，拥有先进专利 5000 多项，获得 IF 设计奖项 39 项，在全球 120 多个国家和地区实现网点覆盖。九牧秉承"专注高端卫浴"的品牌理念，以消费者需求为导向，顺应经济转型升级趋势，积极践行消费品工业"三品"战略，成为泛家居行业智能制造转型升级引领者。

二、发展战略

（一）增品种：重视技术和设计创新，打造智能化产品体系

加快建立自身技术创新体系。九牧的技术研发脚步从未停歇，每年投入技术研发和产品创新的费用不少于销售总额的 5%。集团在全球有 30 家研究院、60 个转化中心实验室、2000 多名优秀专业技术创新人才，每年按比例引进和培养相关博士和专家，在技术上实现储备一代、研发一代、开发一代。同时，借力新基建东风，与华为联合开发 5G 卫浴，通过跨界合作实现技术的演变升级。以 i9Pro 智能马桶为例，该产品不仅能够过滤净化，还能够 360 度杀菌，并实现智能物联。

致力于研究用户深层次需求。九牧坚持以用户体验为中心，通过引入智能制造、互联网、大数据、IoT 等技术，持续实现跨界融合创新、模式创新，通过创新驱动解决生活中的痛点，提升便利性，为消费者带来更好的体验、更高的价值。以九牧智能淋浴花洒为例，通过使用高弹性乳胶、喷嘴自动顶针等，实现自动除垢技术全球领先，获得德国红点奖。同时，利用水流负压吸气技术增强水压，实现增压节水功能，增加洗澡舒适度，同时可以通过智能物联提前设定洗澡水温度和洗澡时间，提升用户体验。

（二）提品质：实施 C2F 智慧制造，推动产品和服务质量升级

智慧制造打造高质量服务新样板。九牧在行业内率先启动 C2F 智慧制造系统，通过用户数据直达工厂与供应链，实现 1 小时设计好、24 小时制造好的零库存生产模式。用户可以根据自己的个性化需求，直接与工厂端对接，定制自己喜欢的产品色彩、材质、图案、尺寸、搭配等。C2F 从设计、技术、品质、收款、交期等环节实现物联数字化，真正构

建了"以用户为中心"的智慧制造新模式。实施 C2F 智慧制造之后，成本降低 40%、制造效率提升 30 倍、能耗下降 20%、自动检测效率提升 100%、质量一次合格率提升 20%、物流用地节约 50%、物流周期缩短 60%以上，为产品生产的高端化、定制化、智能化、生态化奠定了基础。

质量管理体系创新推动高质量发展。高质量发展是产业的未来，九牧成立了质量技术研究院、模具寿命研究院、能源节约研究院，建立安全质量研究、质量筛选工厂和质量数据管理系统，真正从前端去策划、研究、试验，提高质量可靠性。目前九牧在行业首创厨卫健康安全标准，建立实施七大质量管理体系，获得国内外 100 多项产品质量认证。获得全国质量标杆企业、中国质量奖提名奖、国家质量技术优秀奖。九牧集团检测中心，是行业首家认定的国家级检测中心，通过美国、加拿大、日本等 90 多个国家和地区的国际认证。

（三）创品牌：响应国家战略，以多元化创新赋能品牌成长

科技创新奠定品牌发展基石。借势新基建，九牧积极布局新基建带来的发展蓝海，首创 5G 云制造基地，建立全球首个公共卫生健康研究院，用接近 100%的高新技术转化率奏响了"智造强国"的最强音，打破国际顶尖品牌对鸟巢、大兴国际机场等高端地标的垄断，也为品牌价值每年的飞速增值积淀了坚实的核心基础。

跨界公益解锁品牌发展新姿势。作为"智拼善赢"的民族品牌代表，九牧把握数字经济新"基"遇，首创 815 全球卫浴直播节，撬动私域流量蓝海，创造销量 10.2 亿元的营销奇迹。在 919 卫浴直播节，九牧开启了"公益 X 跨界"的直播新模式，全网霸屏总曝光高达 3 亿元，当日为品牌带来超 11 亿元的销售额。这两场震惊业界的直播盛宴，都以前所未有的创新力量刷新了卫浴直播界的全新纪录，成为家居圈内重量级刷屏事件。

文化传承为民族品牌赋能。2020 年，九牧创新品牌营销，开创古建文化营销先河，先后进驻颐和园、故宫、布达拉宫、大昭寺等代表中国文化的标志性地标，把传统文化与现代科技进行融合，为中国传统文化地标的焕新注入动力，向世界展示民族自信、文化自信。

三、启示与借鉴

（一）加强生产模式的创新

九牧以用户体验为中心，实施 C2F 的智慧制造体系，满足消费者对卫生洁具产品的外形和质地不断提高的需求，未来具有现代感、时尚感，能够引领生活方式潮流的卫浴产品将受到市场的普遍欢迎。卫浴行业应加大对产品设计的投入，通过智能制造体系，大力发展 C2F 的制造模式，创新产品设计，提升用户体验，引导全球卫生洁具产品向更加注重产品设计的方向发展。

（二）发展节能环保型产品

随着碳达峰碳中和成为全球的共识，实现经济可持续发展的理念被世界各国普遍采纳和接受。随着消费水平的不断提升，消费者更加注重健康舒适，强调绿色环保，除了对产品质量功能方面的需求，绿色节能环保的产品也更加受到消费者的青睐。卫生洁具产品应顺应发展需求，改进生产方式，利用新材料、新技术、新工艺创新产品供给。

第四节　君实生物：立足自主研发，助力创新崛起

一、企业概况

2012 年，上海君实生物医药科技有限公司（以下简称"君实生物"）在中国上海正式注册成立。君实生物是一家创新驱动型生物制药公司，已承担 3 项"国家重大新药创制专项"重大科研项目，拥有 61 项已授权专利，其中 51 项为境内专利、10 项为境外专利，专利覆盖新药蛋白结构、制备工艺、用途、制剂配方等。已成功开发出极具市场潜力的在研药品组合，多项产品具有里程碑意义，核心产品之一 JS001 是国内首个获得国家药监局批准上市的国产抗 PD-1 单克隆抗体，用于治疗既往标准治疗失败后的局部进展或转移性黑色素瘤；JS002 和 UBP1213 是中国本土公司第一次获得国家药监局 IND 批准的抗 PCSK9 单克隆抗体和抗 BLyS 单克隆抗体。随着产品管线的不断丰富和对药物联合治疗

的进一步探索，君实生物的创新领域还将持续扩展至包括小分子药物、抗体药物偶联物（ADC）等更多类型的药物研发，以及针对癌症、自身免疫性疾病等的下一代创新疗法的探索。截至2020年6月，君实生物已有21项在研产品，包括19个创新药，2个生物类似物，覆盖五大治疗领域，包括恶性肿瘤、自身免疫系统疾病、慢性代谢类疾病、神经系统类疾病以及感染类疾病。2020年上半年，研发强度高达123.3%。

二、发展战略

（一）卓越的药物发现和开发能力

君实生物在发现及开发创新生物药的领域具有卓越能力，能够独立进行靶点评估、机制研究及验证、临床在研药品筛选以及功能学验证等发现及开发生物药的关键步骤。21项在研药品中有13项为自主研发的创新药。在全球设有三个研发中心，其中旧金山实验室与马里兰实验室主要专注于肿瘤和自身免疫性疾病领域已知与创新靶点的机制研究、药物发现以及药物分子的精准筛选，国内苏州/上海研发中心则主要进行在研药品的功能学验证与工艺开发。君实生物的源头创新能力，即有能力进行药物前期开发的新靶点发现和验证，意味着更高的药物研究水平，更大的药物发现与成功可能性，以及更广泛的疾病领域覆盖范围。

（二）全产业链的药物研发、生产与销售能力

君实生物对药物研发、生产和销售进行了全产业链布局。首先是研发方面，建立了涵盖蛋白药物从早期研发阶段到产业化阶段的整个过程的完整技术体系，包括七个主要技术平台：①抗体筛选及功能测定的自动化高效筛选平台；②人体膜受体蛋白组库和高通量筛选平台；③抗体人源化及构建平台；④高产稳定表达细胞株筛选构建平台；⑤CHO细胞发酵工艺开发平台；⑥抗体纯化工艺及制剂工艺开发与配方优化平台；⑦抗体质量研究、控制及保证平台。同时，建立了全球一体化的研发流程，在美国的实验室密切关注生物技术创新药物研发的最新技术趋势，同时中国实验室在研发过程中进行后续支持性工作，从而进行高效且低成本的研发活动。其次是生产方面，君实生物在中国拥有两个单克

隆抗体生产基地，分别位于苏州吴江和上海临港。最后是销售方面，截至 2020 年 6 月，君实生物已自建具有 561 人的销售团队，负责 JS001 及其他在研药品的商业化。

（三）快速扩张的强大在研药品管线

君实生物目前已开发共计 21 项在研药品，包括 14 项肿瘤免疫疗法在研药品、2 项代谢类疾病在研药品、3 项针对炎症或自身免疫性疾病的在研药品、1 项治疗神经系统疾病的在研药品及 1 项抗感染在研药品。1 项产品已上市销售（特瑞普利单抗，获批适应证为既往标准治疗失败后的局部进展或转移性黑色素瘤），11 项产品已获得 IND 批准，10 项产品处于临床前研究阶段并将在未来陆续提交 IND。2020 年 5 月，君实生物和礼来达成协议，针对 COVID-19 共同研发及商业化潜在的预防与治疗性抗体疗法。君实生物计划每年开发两个至三个新的在研药品。

（四）经验丰富且拥有出色技能的高级管理团队

君实生物的高级管理团队成员都具有生物科技研究领域丰富的工作经验，成员包括全球知名研究机构、领先的国际制药公司以及 FDA 等监管机构。他们拥有涵盖整个药品开发生命周期不同阶段的出色专业知识，包括创新药物发现、临床前研究、临床试验、监管审批、药物警戒、生产等环节。

三、启示与借鉴

（一）研发国内外分工协作

君实的研发分国内和国外，国外相对进行比较前端的研发，国内侧重后端的研发。这样可以充分利用两地的人才优势与特点，也可以更好地开展后期的临床试验。同时，在国际贸易不稳定因素日益增加的背景下，将较为成熟的研发体系放到国内也可以保证研发进度。

（二）全产业链布局

全产业链布局可以更好地保证产品的研发进度、产品质量和产品的临床销售。对于像君实生物这种以自主创新新药为主要产品的企业来说，自建研发团队一方面可以保证研发进度，另一方面还可以多管线布局，随时调整研发方向，减少研发风险；自建生产车间可以有效地保证产品质量；自建销售团队可以提高销售队伍的专业性，提高临床沟通效率，更好地提高产品终端覆盖率。

（三）丰富研发管线

丰富研发管线最大的好处是可以分散研发风险，保证企业新产品稳定的临床与上市进度。生物医药研发具有高风险的属性，发现新靶点到新药上市每次阶段都可能存在研发失败的风险。而多管线布局，可以有效分散新药研发过程中的风险，还可以为后续新产品上市进行技术储备。

（四）建立一流的高管团队

优秀的企业离不开优秀的人，一流的高管团队是企业做强做大的关键因素。君实生物的高管团队有两大主要特点，一是技术出身，二是海外背景，这两大特点保证了君实生物的核心竞争力。企业尤其是初创企业，最重要的是要建立一支一流的高管团队。

第五节　新兴际华集团：创新成就"战疫"速度

一、企业概况

新兴际华集团是我国军需轻工生产制造企业，是国内统一着装部门和行业以及其他职业装着装单位的主要生产供应商，也是国内少数几个面向国际军需品市场的销售和加工基地之一。2020年年初，为了应对突然而至的新冠肺炎疫情，新兴际华集团从零起步转产扩产医用防护服等重点医疗物资，从批量试产成功到日产能超10万套仅仅用了22天，创造了"战时速度"。这种强大的生产保障能力得益于新兴际华集团多年以来实施的创新驱动战略，从管理创新到研发创新再到产业结构优化调整，在这个过程中积累了大量的应急管理经验和物资保障优势，使其能够成为国家第一时间的"第一响应"力量。

二、发展战略

（一）深化管理创新，提升企业经营绩效

为探索新时期国企转型提升的模式，新兴际华集团从 2008 年起逐步创建了全面对接市场、全程循环管理、全员参与经营的"225"运营管理体系，以市场化管理破解市场难题，在逆势中寻求可持续健康发展。

深化"两制"运行，实现提质增效。以"层层模拟法人、环环快速联动、人人面向市场、招招应对危机"为核心建立"企业内部模拟法人运行机制"和"产供销运用快速联动反应机制"。以降本增效为中心，将市场机制引入企业内部各经济主体之间，实现内部经济主体的独立核算、自主经营、自负盈亏，通过划小核算单位，将总指标逐级分解落实到工段、班组、员工，充分体现经营成果与薪酬总额挂钩，从而实现"人人算账挖潜力"。同时建立产供销运用快速反应联动机制，以快速满足用户需求、为用户创造价值为目标，以市场为导向，把握资源、产品、物流三个市场的区域、时间、品种及市场价格四个维度的信息，及时将市场信息通过信息共享平台在全公司范围内共享，充分利用差异化战略，实施生产、采购、销售、运输、用户五个环节快速联动，深挖采购、生产、销售、运输、资金五个利润源泉，从而实现"快速反应创效益"。员工的市场意识、责任意识、危机意识进一步增强，形成了人人会算账、事事要算账、时时快算账的全员经营理念，企业上下呈现出比、学、赶、超的良好竞争局面。

建立"两个中心"，实现开源节流。在严峻的经济形势下，按照研发、生产、采购、销售、物流、资金等价值链及产品工序流程，建立利润中心和成本（费用）中心"两个中心"。利润中心按照模拟法人实体来层层健全、完善，利润中心就是模拟法人单位，凡是认定为利润中心的责任主体，按照模拟法人单位进行管理。能够引入市场价格或内部转移价格独立核算出内部利润的主体，一方面按照生产线和经营业务单元进行层层细分，直到能够细分出单独核算的班组或岗位；另一方面按照业务单元逐步细分，直到能够细分出单独核算的品种、机组、机台或项目。成本碳达峰（费用）中心则是各级利润中心下无法再进一步细化分解为利润中心的成本单元和费用单元，是对成本和费用进行归集与分

配、承担控制、考核责任的中心。按照职能管理部门或业务单元建立，一方面要按照管理业务单元进行层层细分，细分到岗位、到人头；另一方面要按照业务单元逐步细分到单个品种、单个机组、单个机台或单一项目，不能进一步分解的要分解到小组、班组。利润中心往往处于成本费用中心的上层。"两个中心"突出了新兴际华集团以利润为中心、成本为主线的精益化管控理念。

落实"五个体系"，实现闭环提升。在生产经营、党建思想等各个层面、各项工作中，分别建立工作的"指标体系、责任体系、跟踪体系、评价体系、考核体系"，实现工作管理的指标量化、责任细化、动态跟踪、评价优化、刚化考核、动态滚动和多层面、多维度的PDCA闭环管理。指标体系的每项指标都通过与国际一流企业对标、与本企业历史上的最好水平对标、与本企业前三个月的最好水平对标，确保指标的科学性、全面性、先进性。在责任体系方面，建立起纵向到底、横向到边、全面到位的责任体系，形成"层层传递压力、人人贡献力量、千斤重担人人挑、人人肩上有指标"的局面。跟踪体系要求各个管理单元，健全"日跟踪、周联动、旬平衡、月分析"的执行跟踪体系。做到信息沟通渠道畅通、上下游快速联动、发现问题及时、应对市场迅速，有效消除由于信息的非对称性和不完全性带来的问题。评价体系是集团对计划的动态执行情况进行分析评价的流程体系。与本企业历史最好水平对标，选择比自身优秀的一个或多个企业的全部或部分指标，从经济运行、市场竞争、财务表现、创新能力、人力资源、党建政工6个维度开展对标。考核体系采用定期考评、层层考评、全面考评等主要手段，刚性考核、刚性兑现。实现指标分解、责任落实与考核的衔接和统一，促进计划目标的落地。

（二）推进研发创新，夯实内生发展动力

新兴际华集团高度重视科技创新工作，始终坚持创新驱动和自主发展，积极推进新技术、新材料、新工艺、新设备的研发和应用，建立了多个创新平台，不断提升自主创新能力和竞争力。

构建三级研发体系，为自主创新提供平台。研究总院负责规划、协调、组织科技工作；专业研究院依托各行业龙头企业组建，负责整合所

在业务板块的企业科技资源，推动该行业产品优化升级；在企业内部设置的前沿性研究室贴近生产一线，推动科研成果就地转化。三级企业研发机构重点开展产品设计应用制造研发，充分发挥企业在科技创新中的主体地位。

完善创新管理体系，为自主创新优化环境。健全自主创新的决策体系、研发投入体系和组织体系，完善技术创新的激励约束机制，提出并逐步培育和形成"三个一代"（研发一代、生产一代、储备一代）的产品研发观，强调不仅研发当前市场需求的产品和技术，也储备20年后甚至更长远时间需要的产品和技术，使产品结构更加适应市场需求。完善人才队伍培养机制，建立首席人才评选体系，建设内部专家库和专家评审委员会，在重大项目投资评价中引入专家评审机制。

加强"产学研"合作，为自主创新拓宽渠道。先后与清华大学、北京科技大学等几十所大学开展合作，签订"产学研"合作战略协议，建立高层次人才培养基地、研究生教育基地、就业实习基地等，通过多种合作渠道，在自主研发、集成创新、引进消化再创新三个层面推进研发。

（三）加快结构调整，推动企业转型升级

面对经济发展新常态，际华集团以"优二强三"为总体战略，坚持"制造强基、科技强心、服务强企"，加快由制造业向制造服务业和现代服务业的转型升级。

优化产品结构，提升核心竞争力。际华集团积极将国外先进的管理经验、产品研发新技术、新工艺引入集团内部，加快集团的产业结构转型升级。在持续巩固军品领域传统优势的同时，通过优化产品布局，调整生产结构，新增军警产品，并以军品为基础，开拓扩展民品市场，进一步提升企业的市场竞争力和风险应变能力。

加快国际布局，完善产业链条。际华集团着眼于国际化发展潮流，加快构建境外所属企业的合理布局，搭建完整产业链，使集团层面形成研发、生产、销售的国内外联动效应，紧跟市场走势，凸显集群优势。同时，紧紧把握"一带一路"沿线发展中国家提升本国工业化水平的契机，加快技术和产能输出的步伐，并利用军贸公司平台的资源，开展其他军贸产品技术输出业务。

三、启示与借鉴

（一）管理创新是企业持续发展的重要举措

际华集团"225"管控模式的建立和运行，不仅使集团在国内外经营环境复杂的形势下保持了快速发展，提升了盈利水平，而且也在提升经济技术指标、增强营利能力、转变员工观念和创先企业管理等诸多方面产生了深远的影响。面对经济下行压力增大，市场需求增速放缓，能源和原材料价格持续上涨，以及税收、价格和信贷政策等因素的不利影响，企业必须通过优化管理流程，提升管理标准，并将降本增效成果与提高员工收入相结合，来调动员工积极性，激发企业内生活力，实现可持续发展。

（二）自主创新是企业保持活力的重要途径

际华集团通过技术创新机制建设，取得了一大批高水平、具有自主知识产权的创新成果，为集团主营业务发展、规模实力增强、经济效益提高、应急响应能力提升提供了强有力的科技支撑和保障，成功跻身世界500强。因此，面对日益激烈的科技竞争和市场竞争，提高自主创新能力是实现企业发展方式转型、增强发展后劲、提高核心竞争力的重要举措。借鉴新兴际华集团的创新经验，可以从构建创新平台、优化创新环境、强化"产学研"合作等方面入手，激发企业创新创造活力。

（三）多元化发展是提升企业抗风险能力的重要保障

多元化指企业在原有主导产业基础上，全面开发新型产品与全新业务，实现产品品种与服务门类的扩大，由单一生产型向生产服务型转变的发展战略。多元化发展战略能够提高企业抗风险能力，提升企业整体实力，创造新的利润增长点。借鉴新兴际华集团的发展经验，实现产业多元化（军需产业、消费品产业、装备产业等）、产品多元化（服装、鞋帽、应急救援产品等）、市场多元化（国内市场、国际市场）是我国企业多元化发展的主要方向。

政　策　篇

第十二章

2020 年中国消费品工业重点政策解析

第一节 《关于以新业态新模式引领新型消费加快发展的意见》

一、政策内容

2020 年 9 月 21 日，国务院办公厅印发《关于以新业态新模式引领新型消费加快发展的意见》（以下简称《意见》）。《意见》提出，经过 3～5 年努力，促进新型消费发展的体制机制和政策体系更加完善，到 2025 年，培育形成一批新型消费示范城市和领先企业，实物商品网上零售额占社会消费品零售总额比重显著提高，"互联网+服务"等消费新业态新模式得到普及并趋于成熟。《意见》明确提出 4 个方面 15 项政策措施：

一是加力推动线上线下消费有机融合。进一步培育壮大各类消费新业态新模式，有序发展在线教育，积极发展互联网健康医疗服务，鼓励发展智慧旅游，大力发展智能体育，创新无接触式消费模式。推动线上线下融合消费双向提速，支持互联网平台企业向线下延伸拓展，引导实体企业更多开发数字化产品和服务。

二是加快新型消费基础设施和服务保障能力建设。加强信息网络基础设施建设，加大 5G 网络、物联网等新型基础设施建设力度。完善商贸流通基础设施网络。大力推动智能化技术集成创新应用。安全有序推进数据商用。规划建设新型消费网络节点。

三是优化新型消费发展环境。加强相关法规制度建设。深化包容审慎和协同监管,强化消费信用体系建设,完善跨部门协同监管机制。健全服务标准体系,推进新型消费标准化建设。简化优化证照办理,进一步优化零售新业态新模式营商环境。

四是加大新型消费政策支持力度。强化财政支持,研究进一步对新型消费领域企业优化税收征管措施。优化金融服务,鼓励银行等各类型支付清算服务主体降低手续费用。完善劳动保障政策,促进新业态新模式从业人员参加社会保险。

二、政策影响

一方面,近年来,以传统消费提质升级和"互联网+"新业态新模式为特征的新消费快速发展,成为推动经济高质量发展的新动能。在国家加快构建"双循环"新发展格局的大背景下,新消费将进一步成为畅通国内大循环的关键环节和重要引擎。《意见》积极推动新消费发展,对于引导释放内需潜力、加快构建"双循环"新发展格局具有重要的现实意义。

另一方面,新冠肺炎疫情期间在线教育、网络医疗、直播电商等信息消费蓬勃发展,不仅有效满足了人民群众的需求,也使得信息消费本身成为有效扩大内需、拉动经济增长的新动力。《意见》提出的"加强信息网络基础设施建设""完善商贸流通基础设施网络""大力推动智能化技术集成创新应用"等政策措施,将为新型消费提供巨大支持。

第二节 《关于进一步降低物流成本的实施意见》

一、政策内容

2020年5月20日,为贯彻落实党中央、国务院关于统筹推进新冠肺炎疫情防控和经济社会发展工作的决策部署,进一步推动物流降本增效,加快恢复生产生活秩序,促进实体经济提质增效,国家发展改革委会同交通运输部等13个部门印发《关于进一步降低物流成本的实施意

见》(以下简称《意见》)。

《意见》围绕"减负降本、提质增效"总目标,按照"立足当前、着眼长远,远近结合、标本兼治"的基本原则,提出六方面24条物流降成本举措。具体包括:一是降低物流制度成本。从完善证照和许可办理程序、科学推进治理车辆超限超载工作、维护道路货运市场正常秩序、优化城市配送车辆通行停靠管理、推进通关便利化、深化铁路市场化改革等方面入手,进一步深化"放管服"和制约物流降成本的关键环节改革。二是降低物流要素成本。从保障物流用地需求、完善物流用地考核、拓宽融资渠道、完善风险补偿分担机制等方面出实招硬招,进一步推动解决"融资难""用地难"等制约物流降本增效的突出问题。三是降低物流税费成本。深入贯彻落实党中央、国务院决策部署,从落实物流领域税费政策、降低公路通行成本、降低铁路航空货运收费、规范海运口岸收费、加强物流领域收费行为监管等方面,进一步加大物流领域减税降费力度。四是降低物流信息成本。从推动物流信息开放共享、降低货车定位信息成本等方面重点发力,推动解决近年来物流企业特别是公路货运企业反映的"信息成本高"问题,为物流信息互联互通和智慧物流发展创造更好条件。五是降低物流联运成本。从破除多式联运"中梗阻"、完善物流标准规范体系等关键环节入手,推动物流设施高效衔接,促进多式联运发展。六是降低物流综合成本。从推进物流基础设施网络建设、培育骨干物流企业、提高现代供应链发展水平、加快发展智慧物流、积极发展绿色物流等方面综合施策,补短板、强弱项,将物流降成本工作向纵深推进。

二、政策影响

一是对于经济社会发展意义重大。物流业贯穿经济社会各行各业,有效衔接生产与消费,进一步降低物流成本对于深化供给侧结构性改革、降低企业经营压力、加快经济发展方式转变具有重要推动作用。特别是在新冠肺炎疫情防控常态化背景下,物流成本降低有助于非接触式消费需求的进一步释放。

二是有助于稳定产业链供应链。新冠肺炎疫情中断了全球产业链供应链的正常运行,企业外贸订单纷纷出现延迟或取消的现象,对国内企

业正常生产运营造成极大负面影响。《意见》提出的降低铁路航空货运、港口、检验检疫收费以及对海运口岸收费进行专项清理整顿等措施，有助于促进新冠肺炎疫情期间外贸稳定。

三是有助于纾解物流企业困境。受新冠肺炎疫情影响，不同行业物流水平恢复有所差异，物流业收入水平明显下降，回款周期明显拉长，物流企业特别是中小企业生存压力持续加大。《意见》强调在落实物流领域已有税费优惠政策的基础上，进一步减半征收大宗商品仓储设施用地城镇土地使用税、降低收费项目的偏高收费标准等，切实做到为物流业市场主体减负，为企业顺利度过市场萧条期提供助力。

第三节 《关于推进对外贸易创新发展的实施意见》

一、政策内容

2020年10月25日，国务院办公厅印发《关于推进对外贸易创新发展的实施意见》（以下简称《意见》）。《意见》指出，要以习近平新时代中国特色社会主义思想为指导，全面贯彻党的十九大和十九届二中、三中、四中、五中全会精神，坚持新发展理念，坚持以供给侧结构性改革为主线，坚定不移扩大对外开放，稳住外贸外资基本盘，稳定产业链供应链，进一步深化科技创新、制度创新、模式和业态创新。围绕构建新发展格局，加快推进国际市场布局、国内区域布局、经营主体、商品结构、贸易方式等"五个优化"和外贸转型升级基地、贸易促进平台、国际营销体系等"三项建设"，培育新形势下参与国际合作和竞争新优势，实现对外贸易创新发展。《意见》从九个方面提出了推进对外贸易创新发展的具体举措：

一是创新开拓方式，优化国际市场布局。坚定维护以世界贸易组织为核心的多边贸易体制，积极商签更多高标准自贸协定和区域贸易协定。推进贸易畅通工作机制建设，利用新技术新渠道开拓国际市场，提升公共服务水平。二是发挥比较优势，优化国内区域布局。提高东部地区贸易质量，提升中西部地区贸易占比，扩大东北地区对外开放，创新区域间外贸合作机制。三是加强分类指导，优化经营主体。培育具有全

球竞争力的龙头企业，增强中小企业贸易竞争力，提升协同发展水平，主动服务企业。四是创新要素投入，优化商品结构。保护和发展产业链供应链，推动产业转型升级，优化出口产品结构，提高出口产品质量，优化进口结构。五是创新发展模式，优化贸易方式。做强一般贸易，提升加工贸易，发展其他贸易，促进内外贸一体化。六是创新运营方式，推进国家外贸转型升级基地建设。依托各类产业集聚区，做大做强主导产业链，完善配套支撑产业链，健全组织管理，建设公共服务平台。七是创新服务模式，推进贸易促进平台建设。办好进博会、广交会等一批综合展会，培育若干知名度高、影响力大的国际展会。培育进口贸易促进创新示范区。八是创新服务渠道，推进国际营销体系建设。加快建立国际营销体系，完善营销和服务保障体系。推进国际营销公共平台建设，助力企业开拓国际市场。九是创新业态模式，培育外贸新动能。促进跨境电商等新业态发展，推进市场采购贸易方式试点建设。积极推进二手车出口，加快发展新兴服务贸易，加快贸易数字化发展。

《意见》提出，要优化发展环境，完善保障体系。发挥自由贸易试验区、自由贸易港制度创新作用，不断提升贸易便利化水平，优化进出口管理和服务，强化政策支持，加强国际物流保障，提升风险防范能力。

《意见》强调，要加强党对外贸工作的全面领导。充分发挥国务院推进贸易高质量发展部际联席会议制度作用，整体推进外贸创新发展。商务部要会同有关部门加强协调指导，各地方要抓好贯彻落实。

二、政策影响

一是适应新形势，服务构建新发展格局。外贸连接国内外两个市场两种资源，完全有条件、有基础也有能力，通过创新发展、夯实基础、激发活力，为构建新发展格局提供强有力支撑。

二是确定新路径，将创新理念贯彻始终。《意见》聚焦创新驱动，强调深化科技创新、制度创新、模式和业态创新，提出外贸创新发展的着力点和新路径。

三是体现新要求，坚持系统观念。越开放越要重视安全。《意见》强调要统筹好优化国际市场布局和优化国内区域布局的关系。

四是丰富新内涵，加快推动"五个优化"和"三项建设"。"五个优化"和"三项建设"是在多年外贸实践中探索和不断丰富完善的工作任务和手段，是推进外贸创新发展的重要抓手。《意见》提出加快推动"五个优化"和"三项建设"的创新举措，将为增强对外贸易综合竞争力提供有力支撑。

第四节 《关于切实解决老年人运用智能技术困难的实施方案》

一、政策内容

2020年11月15日，国务院办公厅印发《关于切实解决老年人运用智能技术困难的实施方案》（以下简称《实施方案》），就进一步推动解决老年人在运用智能技术方面遇到的困难，坚持传统服务方式与智能化服务创新并行，为老年人提供更周全、更贴心、更直接的便利化服务做出部署。

《实施方案》聚焦老年人日常生活涉及的出行、就医、消费、文娱、办事等7类高频事项和服务场景，提出20条具体举措要求：一是做好突发事件应急响应状态下对老年人的服务保障，包括完善"健康码"管理便利老年人通行、保障居家老年人基本服务需要、在突发事件处置中做好帮助老年人应对工作。二是便利老年人日常交通出行，包括优化老年人打车出行服务、便利老年人乘坐公共交通、提高客运场站人工服务质量。三是便利老年人日常就医，包括提供多渠道挂号等就诊服务、优化老年人网上办理就医服务、完善老年人日常健康管理服务。四是便利老年人日常消费，包括保留传统金融服务方式、提升网络消费便利化水平。五是便利老年人文体活动，包括提高文体场所服务适老化程度、丰富老年人参加文体活动的智能化渠道。六是便利老年人办事服务，包括依托全国一体化政务服务平台优化"互联网+政务服务"应用、设置必要的线下办事渠道。七是便利老年人使用智能化产品和服务应用，包括扩大适老化智能终端产品供给、推进互联网应用适老化改造、为老年人提供更优质的电信服务、加强应用培训和开展老年人智能技术教育。

二、政策影响

随着网络技术的应用和智能设备的普及,日常出行、就医、消费等场景的电子化趋势给很多老年人带来不便。面对日益加剧的人口老龄化趋势,帮助老年人跨越"数字鸿沟"、共享数字经济成果是进一步释放老年人群消费需求,发展银发经济的重要抓手。

《实施方案》明确提出在鼓励推广新技术、新方式的同时,要保留老年人熟悉的传统服务方式。服务提供方要在软硬件设计上优化提升,使传统的方式和创新的方式双轨运行,充分兼顾到各类人群,特别是老年人的需要,为老年用品产业发展指明了方向。例如在智能化产品和服务应用上为老年人提供更大力度的资费优惠,并推动部分网站、手机 App 的适老化改造;针对部分老年人不会使用移动支付、日常消费不便的问题,指导市场机构从界面、操作等方面入手,切实提升支付产品的便利性、便捷化程度,加强对老年人移动支付的知识宣传、教育、普及推广等。

第五节 《关于进一步促进服务型制造发展的指导意见》

一、政策内容

2020 年 7 月 15 日,为贯彻党中央、国务院关于推动先进制造业和现代服务业深度融合,发展服务型制造的决策部署,推动制造业高质量发展,工业和信息化部会同发展改革委、教育部、科技部、财政部、人力资源社会保障部、自然资源部、生态环境部、商务部、人民银行、市场监管总局、统计局、银保监会、证监会、知识产权局等 15 部门联合印发了《关于进一步促进服务型制造发展的指导意见》(下称《指导意见》)。

为更好指导今后一段时期服务型制造的发展,《指导意见》提出了两阶段目标。一是到 2022 年,力争用三年左右的时间,新遴选培育 200 家服务型制造示范企业、100 家示范平台(包括应用服务提供商)、100

个示范项目、20个示范城市,服务型制造理念得到普遍认可,服务型制造主要模式深入发展,制造业企业服务投入和服务产出显著提升,示范企业服务收入占营业收入的比重达到30%以上。支撑服务型制造发展的标准体系、人才队伍、公共服务体系逐步健全,制造与服务全方位、宽领域、深层次融合发展格局基本形成,对制造业高质量发展的带动作用更加明显。二是到2025年,继续遴选培育一批服务型制造示范企业、平台、项目和城市,示范引领作用全面显现,服务型制造模式深入应用。培育一批掌握核心技术的应用服务提供商,服务型制造发展生态体系趋于完善,服务提升制造业创新能力和国际竞争力的作用显著增强,形成一批服务型制造跨国领先企业和产业集群,制造业在全球产业分工和价值链中的地位明显提升,服务型制造成为制造强国建设的有力支撑。

《指导意见》从四方面提出夯实筑牢服务型制造发展基础的措施。一是提升信息技术应用能力,引导制造业企业稳步提升数字化、网络化技术水平,加强新一代信息技术应用。二是完善服务规范标准,加强相关标准的制定和应用,促进服务型制造健康规范发展。三是提升人才素质能力,强化创新型、应用型、复合型人才培养,构建服务型制造人才体系。四是健全公共服务体系,聚焦制造业与服务业深度融合、协同发展,推动相关平台建设,强化服务支撑。

《指导意见》从五个方面提出营造推动服务型制造发展良好环境的举措。一是加强组织领导,在国家制造强国建设领导小组的统一领导下,各地方、各部门、各有关单位密切配合,形成工作合力,推动工作落实。二是开展示范推广,持续开展服务型制造示范遴选,培育和发现一批示范带动作用强、可复制可推广的典型经验案例。三是强化政策引导,支持服务型制造薄弱环节建设,完善政府采购政策,加大资本市场对服务型制造企业的支持力度。四是深化改革创新,进一步破除制造业企业进入服务业领域的隐性壁垒,持续放宽市场准入。五是推进国际合作,积极拓展与"一带一路"沿线国家的合作,深度融入全球产业链分工体系,推动产业合作由加工制造环节向研发、设计、服务等环节延伸。创新合作方式,搭建多层次国际交流合作平台,推动服务型制造"引进来"和"走出去"。

二、政策影响

当前,服务型制造模式加快创新,涌现出一大批新模式新业态,成为先进制造业和现代服务业融合的典型代表。作为新型产业形态,服务型制造广泛出现在制造业各领域、各环节,在制造业转型升级的总体趋势下,具体表现形态和实现路径千差万别。《指导意见》重点提出了发展工业设计服务、定制化服务、供应链管理、共享制造、检验检测认证服务、全生命周期管理、总集成总承包、节能环保服务、生产性金融服务等九大模式,既涉及制造业各个环节的服务创新,又涵盖了跨环节、跨领域的综合集成服务。

同时,服务型制造模式仍在不断创新突破中,为尊重企业主体地位和首创精神,《指导意见》积极鼓励企业结合自身禀赋和竞争优势,因地制宜,探索实践,深化新一代信息技术应用,发展信息增值服务,探索和实践智能服务新模式,大力发展制造业服务外包,持续推动服务型制造创新发展。

热 点 篇

第十三章

2020 年中国消费品工业热点事件解析

第一节 创新药入院难问题与建议

一、背景

2020 年从科技部国家重大新药创制专项，到药监局开设审评审批绿色通道加速审批，再到医保局一年一度的谈判价格调整，极大提升了患者的可及性与可负担性。但要确保创新药能真正惠及患者，仍面临进医院的"最后一公里"这一道难题。据中国药学会 1420 家二、三级样本医院统计，2018—2019 年纳入国家医保目录的肿瘤创新药，截至 2020 年 3 季度，进院比例仅为 15%～25%。"创新药入院难"关乎患者利益，也深刻影响着行业。

二、存在问题

部分医疗机构不具备与创新药相匹配的诊疗能力。药品进入医院目录，首先要满足临床的治疗需求。不同地区、不同等级、不同定位的医院，收治患者的疾病谱不同、临床药物治疗需求也不同。医院药品遴选也与医院功能定位，临床科室专业方向等密切相关，尤其是与现有药品比较疾病治疗的不可替代性、安全性相关，而药品的降价等经济因素则不会成为药品进院遴选的主导方向。临床治疗需求存在较大未获满足空间的创新药往往临床配备率较高，而高值罕见病用药的配置率则通常较低甚至罕有配备。

医疗机构药品遴选程序影响创新药的入院速度。医疗机构药事管理委员会审核程序的设定也对药品能否进院和进院过程时间长短有重要影响。药品在医疗机构的配备受其自身价值、医疗行为选择、市场供求关系等因素影响。药品纳入医院目录，又被称为药品遴选，是"药事管理与药物治疗学委员会"的重点工作，主要内容包括对新增药品、淘汰或暂停药品的审核。一个药品获得上市资格后，距离被医生详细了解需要一个过程。因为药品上市前研究，往往纳入病例少、研究时间短、试验对象年龄范围窄、用药条件控制严格，故而存在一定局限性。而临床医生了解和掌握药品的有效性和安全性信息，积累足够多的证据，评估风险和获益需要一定时间。

医疗机构绩效考核压力影响创新药的入院速度。一是成本考量。在全面实行"药品零差率"政策后，药品配备、储存、损耗等都成为公立医院的成本，药品对医疗机构从盈利因素变为成本因素，这严重影响了医疗机构配备药品的意愿。二是医院药品管理规定的影响。根据要求，800张以上床位的公立医院，配备药品的品规数不得超过1500种（其中西药1200种、中成药300种）。所以一些已足额配备的医院，如要新增药品，需同时调出相应数量的药品，难度和阻力较大。三是考核指标的压力。从全国来看，除2018年准入的17种抗癌谈判药外，针对其他国家谈判药品，仍有地区将其纳入"药占比""次均费用增幅"等指标考核范围，影响了公立医院配备药品，特别是费用较高的创新药的积极性。

三、主要启示

支持和鼓励医疗机构优先配备国家谈判创新药。各地可将医疗机构配备国家谈判药品情况纳入医保协议考核范畴。有条件的地区还可探索采用分类保障的办法，预拨部分资金以鼓励不同类型医疗机构分别配备符合机构用药特点的国家谈判药品。同时政府相关部门进一步协调好分级诊疗、医联体、门诊报销、慢性病用药等政策，提升医院对创新药的科学认知和相关服务能力，创新支付方式和建立多元共付的创新药费用分担机制，以及优化医院创新药准入流程和使用相关的激励和约束机制，促进合理用药。

实行"双通道"用药保障机制。"单通道"与"双通道"的医保政策相对应。前者是指医保谈判创新药只能在医疗机构才能享受医保报销，定点零售药店不能报销；后者是指在医院和定点零售药店，患者都可以购买到医保谈判创新药，并且享受同样的报销模式，从而提高患者对医保谈判创新药的可及性。但具体实施时应注意，一是科学确定进入"双通道"管理的药品名单，保证政策公平性；二是加强用药安全、特别是注射剂型药品的用药管理，同时加强基金安全，严厉打击利用药店渠道的骗保行为；三是通过专业电子平台建设、"互联网+"医保服务等方式提高患者购药便捷性；四是发挥各类市场主体作用，引导各方良性参与竞争，共同提供药品保障服务。

探索国家医保"柔性带量"谈判，同时解决"医保准入"和"医保采购"问题，给予创新药较为明确的"市场预期"。同时探索适合新药特点的医保支付模式。例如，建立专门的门诊药品费用基金，将适合门诊慢病患者使用的创新药物，纳入门诊药品统筹基金支付；与企业协商，建立基于临床价值的支付标准，通过"基金风险分担"机制，鼓励创新，畅通创新药使用。同时完善新药临床应用管理办法，指导医院引进使用临床价值高的创新药。对于安全性、疗效和质量有保障的新药，应加大继续教育与新药临床使用培训力度，鼓励临床使用，让创新药更及时惠及患者。

第二节 生物制造发展的挑战与机遇

一、背景

生物制造是以前沿生命科学为基础，以先进工业生物技术为核心，利用生物体机能改造现有制造过程，或利用生物质资源进行能源、材料和化学品生产的新型制造方式。2020年10月17日，《中华人民共和国生物安全法》（以下简称《生物安全法》）出台，旨在防范和应对生物安全风险，保障人民生命健康，维护国家安全。《生物安全法》的核心内容涵盖了管理体系构建、生物技术研发与应用、防控重大新发突发疫情等，为生物制造的规范发展提供了法律依据。生物技术现已广泛应

用于食品、医药、化工、能源等多个领域，《生物安全法》的出台有利于进一步促进生物技术的跨领域融合创新和应用，推动我国生物制造平稳健康发展。

二、存在问题

生物安全风险需要防范。作为国家安全的重要组成部分，生物安全涉及人体健康、资源环境可持续、社会伦理、国防安全等多个方面。随着生物技术在食品、医药、化工、能源等领域的融合发展，与此相关的生物安全争论也越发激烈。比如，转基因技术对食品安全、环境安全的影响，合成生物学、基因组编辑技术等新型两用生物技术误用、滥用和谬用风险等。一旦生物安全出现大问题，生物制造相关产业也将面临重大挫折。

前沿生物科技领域的技术研发创新不足。经过多年发展，我国在多组学分析、基因图谱研究、合成生物学、表观遗传学、结构生物学等生物科技领域已取得重大进展，但与美国等发达国家相比仍有不小的差距。以生物医药为例，国外生物医药专利多集中在抗体药物、基因工程疫苗、基因编辑、基因测序等前沿技术领域，我国则集中在脱氧核糖核酸（DNA）的提取、扩增等基因工程前端处理环节，如引物制备、磁珠制备、聚合酶链反应（PCR）扩增等，技术含量相对较低，我国在前沿生物科技领域的技术研发创新待进一步推动。

生物安全基础能力和防范重大疫情储备体系的建设尚待完善。一方面，实验室、仪器设备、实验试剂等基础配备是开展生物安全治理和防范的必要支撑。与欧美等发达国家在生物安全领域雄厚的基础设施支撑储备相比，我国还有很大的发展空间；另一方面，防范重大疫情的储备体系建设将激发更多的生物技术产品和装备需求。以新冠肺炎疫情为例，检测试剂和疫苗是应对疫情最重要的生物技术产品。按照全球75亿人口计算，实现群体免疫效果的疫苗需求量在100亿剂左右，约为目前全球疫苗年生产能力的3倍，且随着疫情在全球范围的不断扩散，这一市场需求或将更高。

三、主要启示

研究提出我国生物制造发展战略和路线图。一是抢抓国家大力推进生物安全治理能力建设和现代生物科技技术蓬勃发展的战略机遇,在食品、医药、化工、能源等重点领域前瞻布局生物制造,推动制造业转型升级和高质量发展。二是对标美国、欧洲、日本等发达经济体,系统梳理其推进生物制造的国家战略、政策措施、技术路线和产业趋势,结合当前我国生物制造发展状况和短板,明确我国生物制造发展战略。三是立足国情,制定生物制造的中长期发展规划,提出我国生物制造发展模式、实施路径以及政策措施等,形成"十四五"期间我国推动生物制造的总体路线图。

加快推进先进生物制造技术创新和产业化。一是以加速推动生物制造技术成果转移、转化为目标,聚焦生物合成技术、生物催化技术、菌种定向选育技术等核心关键技术,推进"产学研用"联合创新,加快共性关键技术和前沿技术攻关,促进基础研究与应用研究、技术开发相贯通,推动形成完整的生物制造产业链。二是针对"工业菌种""酶制剂"等国产保障能力较弱的核心关键领域,依托优势企业实施一批重大科技创新工程和产业化应用项目,实现核心关键技术自主可控。三是整合现有技术平台资源,建立和完善生物制造公共服务体系,增强行业创新和成果转化服务能力。

瞄准国家重大需求,发展生物制造相关产业。一是聚焦国家生物安全基础能力建设,发展生物制造装备、实验试剂等产业。比如,重大外来入侵生物甄别及防控关键技术产品、生物危害现场快速感知应对便携箱组等,为生物安全识别和防御提供技术和装备支撑。二是针对国家防范重大疫情储备体系建设需求,加大对生物疫苗、新型诊断试剂及配套设备、基因治疗产品的研发和产业化力度,大力发展生物医药制造业。三是面向国家工业转型升级和生态环境保护需求,重点突破核心"工业菌种"和"酶制剂"、先进生物反应传感器、高端生物反应设备及控制软件,以及膜分离材料、无血清高特异性动物细胞培养基等受制于人的技术环节,建立制造业高质量发展的支撑技术与装备体系。

第三节　食品行业进出口贸易依存问题及建议

一、背景

近年来，全球食品贸易额年增速基本在 7%～9%，在总商品贸易中的地位稳步提升，但贸易局势的复杂性和不稳定性一直存在。目前，我国部分食品细分行业贸易结构不尽合理，在原料、关键配料、产成品进出口方面，对以美国为代表的西方国家依存度较高，与贸易摩擦所带来的较为集中的短期经济效应和贸易替代相比，这些问题对产业发展的长期制约和影响更大，亟须认真审视分析，增强风险防范能力，促进行业持续健康发展。

二、存在问题

进口的高度集中给加工业发展带来隐患。依赖进口易造成企业普遍缺乏抵御外来竞争的能力。比如，食用植物油行业，国际粮商巨头对世界主要粮油作物生产基地种植采收、仓储物流、海运报价等环节形成一体化垄断，我国企业无法参与其中，只能被动接受其贸易方式和价格。2004 年，国际大豆价格一度暴涨暴跌，致使我国数百家植物油加工企业退出，外资企业迅速占领市场。截至 2018 年，我国在该领域大型企业中有 60 余家为外资控股或参股。

关键配料短缺限制了乳粉高端化发展。2018 年，我国进口乳清及其制品 56 万吨，同比增长 5.2%，其中美国占 47.0%、欧盟占 38.2%，关键配料的短缺导致我国生产企业竞争力低下，警报时常拉响。比如，2018 年 6 月，国内乳粉行业乳铁蛋白出现"订单荒"，直接原因就是国家乳铁蛋白进口标准调整后，主打乳铁蛋白配方的外资大品牌提前锁定国际核心供应商订单，导致我国企业"断粮"。再如，我国因长期无法自主生产羊乳清粉而导致进口价格居高不下，甚至已达到牛乳清粉的 5 倍以上，高昂的成本严重影响了国产羊乳配方粉与外资品牌的竞争。

出口贸易发展严重受阻。我国企业面临的出口贸易形势严峻，成本日益增高。2016—2017 年，我国出口企业在因国外技术性贸易措施造成的直接损失中，行业平均损失率为 2.4%，而食品及相关产品达 5.1%，

在所有行业中排名第二,受影响企业比例达38.3%,损失额237.3亿元。其中,出口美、欧、日等国家和地区的损失额度分别占32.7%、19.6%、10.6%。技术性贸易壁垒给小型出口企业利润空间带来严重影响,为满足国外技术新要求,食品及相关领域的小型企业产生的测试、检验、认证等费用在销售额中占比达3.3%,在所有行业中都高居首位。

三、主要启示

优化重点食品贸易结构,聚焦重点产品优化产业政策。重点调整肉类、大豆、乳品等农产品的贸易结构,丰富原料引进渠道,以国内大型收购加工企业为主体,逐步增强对重点行业原料国际产区种养殖、采收、物流各环节的控制力和影响力,进一步提升防范风险的能力。加强对糖、乳品、大豆等产品的宏观调控,建立专项风险基金,以政策保障重点产品生产和贸易的可持续发展,促进产业由资源加工型向科学开发型转变。

加强关键原料的供给能力。适应国家重点食品产业安全的战略需求,以大豆、食糖、乳品等领域为重点,瞄准国际生产与科研先进水平和发展趋势,针对制约产业发展的关键核心问题,在乳清规模化生产、制糖工艺水平提升、糖料"双高基地"建设等方面,开展系统性、前瞻性研究。鼓励和支持乳品企业加快推进标准化奶牛(奶山羊)养殖场及其配套的高产优质苜蓿示范基地建设,加强海外原料基地建设,提升自建自控奶源的比例。

提升出口贸易竞争力。继续保持对我国港澳地区,以及日、韩和部分东南亚国家的出口贸易优势,同时扩大与东盟、巴西、俄罗斯、印度等新兴经济体的广泛合作,进一步减小进出口贸易逆差。发展特色水产及其制品、果蔬食用菌及其制品、酒类、精制茶出口,在国际市场形成差异化供销互促。把握"一带一路"倡议机遇,提高对沿线国家清真食品、传统焙烤食品、中式肉品、食品添加剂和方便食品的输出能力,拓展产品销售市场群。加强对贸易壁垒风险防范和抵御的能力,完善植物提取物、食品添加剂、食品接触材料等方面的产品标准、检验检疫标准制的修订及国际对标工作,推进出口食品加工企业广泛建立HACCP、GMP等质量管理体系和食品防护评估制度,推动进出口食品质量安全追溯标准体系的建设。

展望篇

第十四章

主要研究机构预测性观点综述

第一节 消费品

一、2020年消费形势分析与2021年展望（国务院发展研究中心）

消费是稳定国民经济增长的"压舱石"。2020年年初，新冠肺炎疫情的出现和快速蔓延，对我国消费的冲击巨大，突出地表现为短期消费需求受到较大抑制，市场出现大幅下滑。进入二季度，国民经济复苏持续加快，带动消费市场逐步复苏，呈现出商品快于服务、农村快于城镇、东中西部地区快于东北地区等分化趋势。自三季度以来，随着复工、复产、复市全面推进，国民经济复苏持续加快，带动消费市场逐步加快复苏，随着全球经济加快复苏、我国经济加快发展、国内消费市场环境持续改善，将有利于消费信心恢复、意愿增强、能力提升和环境优化。

消费对经济的贡献由负转正，拉动作用稳步增强。2020年一季度消费对GDP的贡献为-4.4个百分点，成为拖累经济增长的最主要因素。二季度消费的动力有所恢复，对GDP的拖累缩小到-2.3个百分点。进入三季度，最终消费支出对整个GDP的拉动由负转正，在当季增长4.9个百分点中占到了1.7个百分点，增势开始超过投资和进出口。4季度社会消费品零售总额保持3%左右增长，全年消费规模接近上年同期水平。

新冠肺炎疫情虽然对我国消费市场形成巨大冲击，但也倒逼消费创新提速，新产品、新服务、新模式加速涌现，形成了新的消费热点，不

仅有力地促进消费复苏，也成为我国经济复苏和实现增长的新动力。实物消费线上化加速，渗透率大幅提升。网上零售增速始终高于社零增速。2020年前三季度网上实物销售额占社会消费品零售总额的比重为24.3%，较2019年年末提高5个百分点，增幅与2017—2019年相当。"无接触"服务创新加速。新冠肺炎疫情期间，线上教育、医疗、娱乐、视听等一系列"无接触"服务呈爆发式增长，餐饮等传统服务也在加速"触网"。以餐饮为例，2020年5月线上住宿和餐饮业企业通过互联网平台实现的餐饮收入同比增长超过20%。

2021年社会消费品零售总额有望实现4%~5%增长，消费拉动经济增长的作用也将在2021年稳定提升。三大积极因素推动消费加快复苏。首先，国内外发展环境有望继续改善。中国成功地控制住了新冠肺炎疫情在国内传播，经济率先走出新冠肺炎疫情冲击和影响。全球经济有望步入复苏，IMF、世界银行、OECD等国际组织近期纷纷上调2021年全球经济增长预期至5.2%、4.2%及5.2%，较2020年提高9.5个、9.4个及11.2个百分点。其次，国内市场供需总体平衡。IMF预测2020年、2021年世界CPI同比增速为3.2%和3.4%，中国为2.7%和2.6%，在全球供需压力上升的同时，中国市场供需相对更稳定。随着新冠肺炎疫情防控机制不断完善、消费环境有所改善，居民消费信心和消费意愿将稳步回升，有利于持续改善市场需求。最后，政府坚持把稳就业、稳市场主体作为政策的优先领域，居民收入实际增速有望重新回到增长轨道。

二、2021年消费品市场发展环境和趋势预测（中华全国商业信息中心）

"十四五"时期是我国全面建成小康社会、实现第一个百年奋斗目标之后，乘势而上开启全面建设社会主义现代化国家新征程、向第二个百年奋斗目标进军的第一个五年。2021年是"十四五"开局之年，是第二个百年奋斗目标新征程的开启之年，是我国现代化建设进程中具有特殊重要性的一年。我国经济社会将坚定不移地贯彻新发展理念，坚持稳中求进工作总基调，以推动高质量发展为主题，加快构建以国内大循环为主体、国内国际双循环相互促进的新发展格局。经济增速将保持在合理区间，国内生产总值增长目标在6%以上，我国消费品市场将在实

现供需更高水平动态平衡下持续稳步发展，社会消费品零售总额将以10%以上的速度加快增长。

一是投资将助力实体经济提质增效。"十四五"时期，我国固定资产投资将更加侧重推动实体经济提质增效。2021年，我国继续实行积极的财政政策和稳健的货币政策，政策对保障就业民生、促进产业升级、提振实体经济、打造数字经济、推动科技创新等的效果将进一步增强。

二是社会消费品零售总额将实现10%以上的增长。"十四五"时期，我国将为形成强大国内市场，构建以国内大循环为主体、国内国际双循环相互促进的新发展格局提供有力的新动力和良好的新环境。2021年，在全面促进消费的新发展格局下，在新业态、新模式促进新消费、实现供需更高水平动态的平衡下，我国消费品市场将稳定扩大，预计社会消费品零售总额将以10%以上的速度加快增长。

三是进出口将更加多元化、高水平发展。"十四五"时期，我国将着力于推动高水平多领域开放，增强对外贸易综合竞争力。贸易总量将持续扩大，商品贸易和服务贸易更加均衡，贸易伙伴更加多元，跨境电商等贸易模式更加丰富。《国民经济和社会发展第十四个五年规划和2035年远景目标纲要（草案）》指出：建设更高水平开放型经济新体制，推动共建"一带一路"高质量发展，构建面向全球的高标准自由贸易区网络。

四是居民消费价格上涨3%左右。2021年，我国新冠肺炎疫情防控形势稳定向好，经济增长速度加快，居民商品消费需求持续扩大，服务消费市场持续复苏，有助于物价实现正增长。此外，我国粮食生产连年丰收，生猪产能基本恢复，基础民生商品的生产、储备、流通、监管等供给环节的稳定可控，有利于物价保持稳定。

五是国内生产总值增长6%以上。一方面，我国经济已转向高质量发展阶段，经济增长、质量效益、科技创新、环境保护等各个方面需要协调发展，具体的GDP增速指标已经难以概括经济社会的发展成果。另一方面，发展仍然是解决一切问题的基础和关键，2035年基本实现社会主义现代化、人均GDP达到中等发达国家水平等远景目标的实现需要经济保持一定的增速水平，因此，2021年我国GDP增速需要保持在合理区间。

第二节　医药

2021年全球医疗行业展望（德勤咨询）

新冠肺炎疫情给全球医疗行业的劳动力、基础设施和供应链带来了巨大压力，并暴露了社会医疗资源的不平等问题。同时，新冠肺炎疫情也加速了整个医疗行业生态系统的变革，并使公立和私立医疗体系在短期内去适应和创新。新冠肺炎疫情的传播引发并加速了许多根本性的变化。例如，消费者越来越多地参与医疗健康方面的决策；虚拟健康和其他数字化创新方式被迅速采用；推动数据互通和数据分析的应用；在疫苗和疗法开发方面有了前所未有的公私合作。在这样的形势下，世界各国的政府、医疗服务机构、医疗保险机构和其他利益相关者正面临快速调整、适应和创新的挑战。以下是德勤咨询对2021年全球医疗行业的展望。

一是随着各国政府投入巨资控制新冠肺炎疫情，并推出新冠疫苗和疗法，医疗保健行业的支出会逐步恢复。重新开始之前被推迟的手术和诊疗，同时经济状况改善也会刺激医疗支出的提高。2020—2024年，全球医疗卫生支出预计将以3.9%的复合年增长率（CAGR）增长，远高于2015—2019年的2.8%。其中，增速最快的是亚洲和大洋洲（5.3%），以及中欧和东欧的转型经济体（5.2%），而拉丁美洲增长最为缓慢（0.7%）。全球医疗保健支出占国内生产总值（GDP）的比例从前三年的10.2%增至2020年的10.4%。2021年和2022年，该行业的GDP平均占比应为10.3%左右。

二是促使医疗保健支出持续增长的驱动因素包括人口老龄化、对医疗保健需求增加、各国经济逐步复苏、临床和医疗技术进步以及公共医疗系统的扩张。此外，国际上医护人员的竞争日益激烈，可能会推高劳动力成本。人均支出可能会持续分布不均。预计到2024年，对比美国12703美元的人均支出与巴基斯坦37美元的人均支出，许多发展中国家人口增长率的加快将阻碍为了缩小这一差距所做的努力。人口增长和老龄化对公共医疗体系的影响可能会因地区而异。截至2020年11月，全球人口为78亿人，预计未来几年将平均每年增加8100万人，到2023

年可达 80 亿人。其中，亚洲和非洲是增长最快的地区。人类的预期寿命继续上升，预计到 2020 年达到 74.1 岁，到 2024 年达到 74.9 岁。尼日利亚和巴基斯坦预计将是未来几年拥有更多人口和更年轻的国家（到 2024 年，两国 14 岁及以下年龄人口分别占比为 41%和 35%）。同时，日本、委内瑞拉和欧洲大部分地区的人口将持续减少和老龄化。

第三节 食品

2021 全球十大食品饮料行业趋势（Innova）

一是以知取胜。随着消费者观念的不断发展，定义为天然有机、无添加剂、无人工的洁净标签，逐渐拓展到道德和环保层面，如今已囊括了人类／动物福祉、供应链透明化、植物性营养和可持续来源。Innova 观察到食品饮料企业也在紧紧跟随这个潮流，如乐事洋芋通过品牌纪录片的形式讲述品牌背后真实且感人的故事，同时给消费者呈现产业链的各个场景，迎合了消费者不断发展的清洁标签需求和求知欲。

二是植物基跃进。随着植物基浪潮席卷全球，植物基概念连续多年上榜 Innova 年度十大趋势，其发展也在不断演变。这一概念对主流消费群体与日俱增的吸引力将推动 2021 年不同地区和品类内植物基产品的扩张。Innova 观察到植物基创新越发多样化，除了普通肉类替代品，市场上还出现了鱼类替代品、奶酪替代品甚至精准模仿排骨部位的替代品。亚洲也在积极响应全球植物基浪潮，跨国企业和本土企业纷纷入局。各个区域融合本土自身料理和文化打造出缤纷多彩的植物基创新产品，全面覆盖餐饮和零售管道。根据 Innova 旗下媒体 Food Ingredients First 报道，Aleph 开启了太空牛排培育计划，肉类替代品的研发即将"一步登天"。

三是量身定制。根据 Innova 2020 年消费者调查研究显示，超过 6 成的消费者表示，找到了更多根据个人风格、信仰和需求来量身定制其生活方式和产品的方法。雀巢于 2020 年上半年推出了智能个人健康轻餐诺萃怡刻 nesQino 产品线，为消费者带来适用于家庭或办公室使用的更智能化、个性化的健康美味轻餐新选择。根据 Innova 数据库追踪，

过去 5 年间带有生酮宣称的食品饮料新品发布，年均复合增长率高达 165%。Innova 全球创新和洞察总监 Lu Ann Williams 接受 Food Ingredients First 采访时表示，大部分人都不愿意遵循特定饮食法则，但是都希望控制体重并实现健康目标。生酮或植物基更像是一种生活方式，而不是特定的饮食法则，因此才会受到极大的欢迎。

四是全景食尚。消费者对于纵享体验的要求越来越高，既要健康无负担又要十分便捷。随着餐饮服务和零售领域的重叠越来越多，消费者可以随时随地获取心仪美食。Innova 2020 年消费者调查研究显示，全球近 5 成的消费者认为品牌餐厅的产品应该是在家中享受餐厅体验和风味。受新冠肺炎疫情影响，餐厅外卖进一步发展，消费者现在可以直接获取许多以前只能在餐厅才能享受的特色产品。根据 Innova 消费者调查研究显示，消费者在家庭烹饪中更多地使用了料理包。而在尝试新奇的食物饮料时，消费者喜欢其中带有熟悉的元素。

五是免疫同行。源自新冠肺炎疫情的持续焦虑将促使消费者在 2021 年优先考虑免疫健康。根据 Innova 2020 年消费者调查研究显示，全球 6 成的消费者正在更加积极地寻找支持其免疫健康的食品饮料产品，而全球 1/3 的消费者表示，2020 年他们对免疫健康的担忧相比 2019 年有所增加。超过 5 成的消费者表示因为新冠肺炎疫情而投入时间和精力，可以自学增强免疫健康方法。除了充足睡眠和身体健康，消费者认为实现免疫健康的另一重要因素在于选择天然富含维生素、矿物质和抗氧化剂等营养成分的食物。有助于增强免疫力的原料将在新的一年里扮演重要角色，与此同时，对能够增强免疫力的微生物组和个性化营养的研究和兴趣也将加速发展。

六是成分当道。消费者对研究产品成分的热情高涨，不同消费群体的需求多种多样，有追求高蛋白的蛋白质爱好者、追求富含纤维产品注重消化健康的消费者或者是追求体重管理和整体健康的消费者，总而言之，营养成分方面的整体趋势是发展更加全面均衡的食品饮料解决方案。不断演进的科技手段，如新品开发和软件解决方案，正在响应人们对强化营养价值、可持续发展和具有积极道德影响的食品饮料的需求。根据 Innova 2020 年消费者调查研究显示，大部分全球消费者表示信任通过科学实现的食品饮料的发展。大多数人愿意为了饮食需求在产品天

然性上做出妥协，而食品公司正在推出更多的结合食物天然属性和先进科技的解决方案。

七是情绪就位。根据WHO数据，若不做出改变，忧郁症将成为2030年全球最显著的心理问题。Innova追踪发现，情绪健康类新品开发增长强劲，产品包装上的宣传更多的与特定情绪健康领域相关联。镇静/放松和能量是目前食品饮料情绪健康领域发展较为成熟的类别，而睡眠相关的新品发布基数虽小，但是2016—2019年年均复合增长率已接近20%，是目前较受关注的类别。可口可乐于2020年上半年在中国市场推出了添加多种草本植物、胶原蛋白肽和GABA的"尊选28睡醒颜"植物饮料，百事可乐于美国上市了Driftwell增强型水饮料，添加了有助睡眠的L-茶氨酸和镁。

八是碰撞交融。混搭创新持续受到欢迎，消费者青睐具有更丰富纵享维度的食品饮料。根据Innova 2020年消费者调查研究显示，3/5的全球消费者乐于尝试新的感官体验，比如气味、味道、质地、颜色等。而餐饮管道则是混搭创新的热点试验区，比如中国市场上必胜客与乐乐茶联合推出了可以吸的比萨饼，将粉桃酪酪茶装在必胜客比萨饼中，搭配可爱的小熊形状布丁，新奇吸睛，十分适合社交媒体传播分享。Innova还追踪到Ben&Jerry's于澳洲发布了冰激凌饼干比萨饼，以饼干面团作底，顶料可选饼干面团块、布朗尼块、巧克力榛子坚果或奥利奥以及热巧克力酱或焦糖酱，纵享非凡。

九是摩登复古。在全球本土化改造的趋势下，地区传统也在汲取现代化特点变得更加摩登时尚。例如，全球植物基浪潮下，荷兰麦当劳推出了纯素版本麦乐可乐饼。Innova数据库2020年上半年追踪到Moshi于美国发布了日本柚子风味系列气泡水，包括日本柚子原味、日本柚子白桃风味、日本柚子紫苏苹果风味和无糖日本柚子风味。此品牌还因此荣获美国特色食品协会2020年Sofi赛事的最高荣誉奖项。对本土特色、传统的地区性食品以及产品源头的兴趣仍然是希望尝试地区性和国际风味的消费者的核心需求。这些摩登复古的新品将重振传统风味，影响并吸引新的消费者。企业可以对常规的产品进行本土化改造，通过令人惊奇和出乎意料的风味、口感和形式传递更高级的感官体验。

十是网红时代。叙述故事、建立品牌联系和社交媒体分享传播在当

今食品饮料营销活动中占据主导地位，为品牌提供了大量展示其创新的机会。对于希望扩大曝光度的品牌来说，网红推广是一项强有力的策略。但是根据 Innova 2020 年消费者调查研究显示，2/5 的全球消费者并不相信实况主们在诚实地介绍产品。这一现象促进了更为可靠的 KOC 群体的发展，即在社交媒体分享真实消费体验而影响其他消费者的普通用户。网红的多样性将逐步扩大，品牌的推广会逐渐寻求与更可靠和更专业的网红合作，以提高其产品的信任度和可信度。

第四节 纺织

2021 年纺织行业发展趋势（贤集网）

一是健康属性成为面料开发热点，舒适、再生、环保等多功能化的面料更受市场欢迎。市场消费结构正在不断变化，尤其是经历了新冠肺炎疫情，健康生态生活理念越发深入人心，面料发展之路必将顺应这个潮流发展下去。具有舒适、再生、环保等多功能化的面料更受市场欢迎，功能性纤维及后整理技术的应用，体现了人们对舒适便捷生活方式的追求和自身健康与安全的保护，也增加了面料产品的附加值，功能性面料成为时代宠儿的现象愈加明显。具有抗菌功能的原料成为企业的首选。从原料方面看，抗菌棉、麻、竹等具有生态或抗菌特点的传统纤维成为新的开发热点，其他如壳聚糖纤维、艾草纤维、碳纤维、抗菌涤纶纤维等也受到广泛关注。

二是打"价格战"争订单行不通，生产高品质、差异化产品是王道。在纺织市场整体欠佳的大环境下，很多生产普通纯棉纱的纺企面临着订单不足、库存积压、停工停产等难题，与此同时，凭借着出色的创新研发能力，部分纺纱企业的差异化产品不愁销路，甚至订单不减反增。进入后新冠肺炎疫情时代的纺纱企业也深知靠打"价格战"争订单行不通，唯有创新产品，走差异化道路满足客户多样化需求才能走得更远。例如，大生集团 10 万锭智慧纺纱工厂生产的差异化纱线，具有很大的市场潜力；德州华源作为国内知名的中国差别化纱线精品基地，在差异纱线精准服务上，得到了市场的高度认可。

三是智能装备制造推动纺织产业新一轮革命。纺织行业以劳动密集型模式为主，对劳动力资源的依赖度较高。近年来，人工智能与物联网等技术不断发展，推动了传统装备制造业向智能制造的方向转型，其与纺织装备制造的互动融合也催生了行业新的变革，基于人工智能、物联网、大数据、云计算的纺织装备的智能化属性日益突出。随着国内人力成本的不断提高，我国劳动力成本优势逐渐弱化，经营压力倒逼企业淘汰落后产能，引入自动化、数字化、智能化的纺织机械设备已是大势所趋。提高纱线品质、节约用工的自动化、智能化的纺机设备已经成为国内纺织企业新上项目的首选。纺织机械的自动化不但可以提高纺织企业的生产效率、增大其盈利空间，还能提高信息化与集成应用水平，达成"减员、增效、提质、保安全"的目的。

四是"5G+纺织"让无人智慧工厂成为现实。智能制造是推进我国制造强国战略的重要举措，也是建设纺织强国，实现科技、时尚、绿色纺织新定位的重要路径，随着智能制造场景的引入，制造对无线通信网络的需求已经显现，5G 网络可为高度模块化和柔性的生产系统提供多样化高质量的通信保障。和传统无线网络相比，5G 网络在低时延、工厂应用的高密度海量连接、可靠性以及网络移动性管理等方面优势凸显，是智能制造的关键使能者。预计到 2035 年，借助 5G 提升生产力的产业，将在全球范围内创造 12 万亿美元的产值，2200 万个工作岗位将直接或间接被创造。5G 全面应用后，通过物联网将所有设备连接在一起，在纺纱流程中实时监测各种指标，基于强大的数据库以及人工智能算法，对纱线的异常指标等做出快速反应，大大提高生产效率。5G 在智能制造过程中，将实现工业机器人之间和工业机器人与机器设备间前所未有的互动和协调，在柔性制造模式中，5G 将满足工业机器人灵活移动性和差异化业务处理高要求。颇具科幻感的无人化智慧工厂已经成为现实。基于 5G 技术和机器人，可以实现对设备的远程维护。利用 5G 低时延的特性和 AR 技术，工程师可以远程操作机器人对设备进行维护，大大缩短了维护时间和人力成本。

五是"短视频+直播"为纺织行业赋能保增长。随着短视频时代的到来，视频内容营销正式成为一个现象级的热风口，一场突发的新冠肺炎疫情，对众多人的生活产生了重要影响，不便出门的生活带动线上消

费流量的暴增，也使得纺织行业开始高度重视线上营销的价值与作用，众多纺企都看到了新的转型方式和商机，越来越多的品牌、名人、供应链加入直播的赛道中。未来，会有更多的纺织企业在短视频直播带货领域上创新，并加速融合发展，为纺织行业带来更广阔的市场。"短视频+直播"能够更好地促进纺织+互联网经济、直播新零售发展，实现纺织行业直播经济的"弯道超车"。

六是在线学习成为纺企培训员工的重要方式。新冠肺炎疫情对于人们生活最大的改变，是将"云"字带到了各个角落。不只有云监工，还有云医疗、云展览、云课堂、云诉讼……大家习以为常的社交方式、工作方式和生活方式被破坏，一种新的规则得以诞生。据调查，美国92%的大型企业（500人以上）都在使用在线学习培训员工，其中40%的企业将之作为主要的培训模式。在全新的互联网时代，知识更新的速度一日千里，成千上万的知识信息从各个阶层涌现出来。在线教育的优势表现在，一是学习时间随时随地，可自由安排，并能合理的利用碎片时间；二是轻松突破地域时空的限制，在家就可提高纺织相关知识；三是更受员工喜爱，更多的年轻员工喜欢这种相对自由的学习方式，在直播结束后，可以选择适当的时间通过录播功能查看学习内容；四是精准地收集学员的行为数据，供培训管理者了解受训学员学习情况。例如《棉纺织技术》期刊社联合梭子讲堂5月首推的"价值重启·技术人员必修课系列训练营"，吸引了近300家企业，2000余名纺织人共同参与学习，笔记心得分享超5000条，总计听课人次超10万次。16天的线上学习培训，创造了行业内参与规模最大，学习企业、人数最多的内训"云"创举。

第五节　轻工

一、智能家居2021新趋势（新浪家居网）

近10年中国家具类商品零售额增速持续下降，2020年中国家具类零售额达到1598亿元，同比下降18.9%。但由于海外新冠肺炎疫情仍在蔓延，不少企业陆续实施在家"远程办公"计划，这就使得中国家居

出口需求剧增。2020 年 1—12 月，中国家具及零件出口总额为 4038.6 亿元，同比增长 11.8%，若以美元计价，则同比增长 15.4%，家具出口市场快速增长。在国内家具出口订单火爆的同时，家居上游原材料价格也出现了波动，皮革、海绵、木头等原料都出现涨价潮。

从智能家居的消费市场上来看，2020 年中国家居用户使用最多的智能家居产品是扫地机器人（40.8%），其次是智能门锁（39.4%）和感应开关（39.1%）。从使用的智能产品来看，方便和节能是家居用户选购智能家居产品的主要因素，除此之外，智能门锁、感应开关等设备还能有效保障家居安全和用电安全，提高生活质量。

预计 2021 年，中国家居行业将向个性化、智能化方向发展，智能家居市场规模将增至 1923 亿元。家居市场的定制家具、全屋定制模式以其专业定制为特色，更能彰显家居和主人个性，符合当代消费者个性化的消费潮流，成为行业发展的一种趋势。此外，5G、AR/VR、人工智能等技术的发展推动了智能家居整体市场的壮大。

欧美发达国家对产品质量要求较高，国内企业想要更好地"走出去"，就要更加注重品质提升，对原材料、工艺、设计水平、安装、售后等各个环节都要严格把控，每个环节都会成为竞争点，但也可能对品牌造成不好的影响。国内家居建材企业要练好内功，提升品质和服务才能在当下抓住机遇迅速开拓国际市场，才能在以后的竞争中行稳致远。

二、2021 年中国锂电池行业产业链全景解析（前瞻产业研究院）

近年来 3C 产品对锂电池需求量的稳定增加，以及随着新能源汽车的市场规模逐步扩大和储能电池的需求扩大，我国锂电池产量规模逐年扩大。2015—2020 年我国锂电池的产量不断增长。2020 年，我国锂离子电池产量达 188.45 亿只，同比增长 19.87%。锂电池总出货量 158.5GWh，同比增长 20.4%，增长速度五年来首次出现下滑，但是整体而言，增长速度仍然较高。

据高工产研锂电研究所（GGII）调研数据显示，2020 年，中国锂电三元正极材料出货量 23.6 万吨，同比增长 23%，增长主要系国内外

市场需求提升双重带动，三元材料增速高于锂电池的增速。其次锰酸锂出货量同样持续增长，2020年达到6.6万吨，同比增长16%。2021年春节期间，由于锰酸锂停车检修企业较多，开工率下降，其他正极生产企业开工以持稳为主。根据隆众资讯报道，国内多家正极生产企业的正极材料生产处于高位运行或正常运行状态；其中中伟新材料股份有限公司正极材料三元前驱体产品年产能达到14万吨。整体而言，供应情况呈积极良好发展的趋势。

随着锂电池产业链的逐渐完善，锂离子电池组的价格不断朝着人们预期的方向发展。2013—2020年全球锂离子电池组平均价格不断下降，由2013年的668美元/千瓦时下降至2020年的137美元/千瓦时，8年间下降了79%。BNEF预测到2023年，行业平均价格将接近100美元/GWh。随着我国新能源汽车规模的扩大，预计未来我国电动汽车对锂离子电池需求比例将会进一步提高。

第十五章

2021年中国消费品工业发展走势展望

第一节 整体运行趋势

一、新冠肺炎疫情影响尚未完全恢复，生产增速预计有所分化

2021年，中国经济仍面临较大下行压力，消费品工业生产将在现有基础上有所恢复，生产增速整体有望在2021年年末至2022年年中恢复到2019年年末水平，不同行业预计有所分化，医药、产业用纺织品、食品等生产恢复预期好于其他行业情况，特别是与新冠肺炎疫情防控、提高免疫力相关的疫苗等生物生化制品、化学药品原料药、中药饮片、卫生材料及保健食品等的新增产能布局和计划较多，将继续推动子行业维持相对较高增速。

二、全球贸易形势不容乐观，出口市场面临结构调整

2021年，我国外贸发展面临的环境更加复杂严峻，预计消费品工业出口增速仍将维持较低水平。这主要是由于消费国内需不振造成的，但随着中欧班列等全面恢复、区域全面经济伙伴关系协定（RCEP）签署对于增强贸易信心起到了提振作用，各国疫情逐步得到控制也带来常态化防控形势下生产生活用品的刚性需求提升，特别是"一带一路"等新兴市场，将对消费品出口预期规模形成一定程度补充。

三、固定资产投资缓慢恢复，消费需求需进一步释放

2021年，国家各类稳经济、促消费的政策加力增效，将在一定程度上推动投资消费回暖。一是进一步实施减税降费、减租降息、扩大消费和投资政策，将对中小企业占比较高的消费品行业注入更多信心和活力。二是我国率先完成复工复产，在区域和全球部分行业产业链重塑过程中具有先导优势，前期纺织服装、鞋帽、日用品、玩具等行业向外转移的企业逐步回流，将带动投资的回暖。三是国家出台多项举措鼓励发展消费新业态新模式，加快高质量供给，促进以国内大循环为主体的消费潜力释放，有助于推动消费回暖、升级。

第二节　重点行业发展走势展望

一、医药

（一）主营收入受影响较大，利润总额保持中高速增长

2021年，医药行业盈利压力依旧存在，有利因素包括多项新冠疫苗有望获批上市、医药企业创新成果突出、一类新药不断获批上市；不利因素包括企业成本压力增加、一致性评价与临床试验成本提高等都大幅增加企业研发支出。预计规模以上医药企业主营业务收入增速将维持在5%~8%，利润总额增速将有望维持在8%~10%。

（二）主营业务收入稳定增长，卫生材料将实现最大增速

2021年，全球新冠肺炎疫情防控压力仍然较大，疫情防控将快速拉动药品和卫生用品产销增长，特别是以医用口罩、N95口罩、隔离衣、医用防护服、医用护目镜、医用手套、医用酒精、84消毒液等为代表的卫生材料及医药用品制造实现最大增速。同时，以抗感染药物为代表的化学药，以新冠疫苗为代表的生物药品制造，以及以诊断试剂、检测设备、负压救护车等为代表的医疗仪器设备及器械制造也将实现快速增长。

（三）中医药全球认可度提升，迎来国际化发展窗口期

中医药成为此次新冠肺炎疫情防控的一大亮点，据国家卫健委统计，我国 91.5%的确诊病例使用中医药治疗，总有效率达 90%以上。同时，我国积极与各国分享中医药治疗经验和方案，并向意大利、法国等十几个国家和地区捐赠了中成药、饮片、针灸针等药品和器械，中医药国际认可度快速提升。随着标准体系国际接轨和相关治疗方案在全球范围内推广，中医药行业尤其是有抗病毒功效的中成药，将迎来较好的国际化发展契机。

二、纺织

（一）外部环境依然复杂

2021 年，我国纺织行业面临的发展形势将更加复杂严峻，不确定、不稳定因素层出。贸易战及贸易保护主义加剧，国际纺织产业分工合作格局发生重要变化，我国纺织行业参与国际贸易、投资及供应链合作的难度有所增加。国内双循环发展格局下，内需市场不断升级，新一轮科技革命和材料革命加速纺织纤维新材料向高性能、多功能、轻量化、柔性化趋势发展，为纺织行业实现价值提升提供重要路径。

（二）内需市场持续回暖

根据国家统计局数据显示，全国限额以上单位服装鞋帽针纺织品零售额同比降幅从 2020 年年初超过 30%逐步收窄至 7%左右，网上销售快速增长，销售规模恢复迅速，到 2020 年年底全国网上穿类商品零售规模已超过上年同期水平，实现正增长，预计 2021 年在国家相关促内需政策的刺激下，全国纺织服装行业零售额将稳步回升，网上零售额也将呈现快速增长。产业用纺织品受防疫物资拉动，市场需求比较旺盛。

（三）出口形势呈现结构性差异

根据海关统计数据显示，2020 年我国纺织品服装出口总额达到 2912.2 亿美元，同比增长 9.6%，出口规模接近行业在 2014 年创下的历史最好水平。其中，口罩、防护服等防疫物资对出口的拉动作用突

出，占行业出口总额的比重达到 25%左右，纺织行业出口结构发生变化，纺织品出口额首次超过服装，占出口总额的比重达到 52.8%。2021年，纺织行业整体出口形势较 2020 年有所好转，其中纺织品出口将呈现稳定增长，服装出口逐渐好转。

三、食品

（一）食品质量安全要求趋严

整体看我国食品工业源头污染、农兽药不合理使用、食品冷链物流建设滞后等方面的质量安全短板依旧存在，从 2020 年抽检结果看，我国粮、肉、蛋、乳、食用油等大宗加工食品的样品合格率处于较高水平，从抽检发现的不合格样品看，因农兽药残留超标、微生物污染、超范围超限量使用食品添加剂造成的不合格产品比例较高，食品质量安全问题依然严重，监管将趋于严格。

（二）食品生物制造技术快速发展

食品制造技术快速迭代，近年来合成生物学在食品领域的研究不断深入，未来前景广阔。以合成生物学为基础的生物技术将促进食品新材料和新技术发展，有效改善食品品质和营养结构，推动食品深加工发展。例如在人造肉、低热量甜味剂等领域，利用合成生物学的方法进行生产的前景广阔，未来食品生物制造将是食品工业可持续发展的重要途径。

（三）新食品需求依然旺盛

从未来看，受益于人口增加、居民收入提高、城镇化进程的加快，食品消费需求仍会稳定增加。富含营养、附加值高的有机食品、保健食品、休闲食品的需求会持续增长。主食方便化、餐饮工业化、食品消费营养化趋势会越来越明显。老年食品、婴幼儿食品等细分人群产品具有较大增长空间。疫情也引发了消费者对提高免疫力、补充维生素矿物质等保健食品的重点关注，互联网搜索量和部分产品销量得到明显提升。

四、轻工

（一）内需市场稳步回升

2021年，随着促进消费政策和消费升级的深入推进，"双循环"格局的加快构建，轻工行业内需市场总体呈现平稳增长态势，对消费品行业内需增长形成稳固支撑。随着轻工产品质量的提升，轻工行业的内需市场将保持稳定增长态势，其中，家具、家电、个护产品等行业增长比较明显。

（二）绿色智能型产品加快增长

随着轻工行业整体的智能化水不断提升，特别是智能家电、电池、家居、可穿戴产品等行业智能产品和数字化车间的数量快速增长，使智能产品相关的标准制定、系统集成和规模应用等相关的工作加快开展，轻工产品整体质量和品质将得到很大提升，绿色、智能和高品质的创新型产品将受到市场欢迎。

（三）外贸出口有望企稳回升

2021年，中美贸易摩擦对箱包、鞋类、家具等产品的影响依然不容忽视，为积极应对多种问题所带来的衰退风险，我国轻工业外贸出口将坚持实施出口多元化战略，除了巩固美、欧、日等传统国际市场，我国轻工行业向非洲、东南亚、埃塞俄比亚、塞内加尔、尼日利亚、孟加拉国、柬埔寨、泰国等国家和地区产能转移的速度在加快，随着区域全面经济伙伴关系协定（RCEP）的正式签署，我国与东盟和日本、韩国的国际合作持续加强，这将保证我国轻工业出口在多变的国际形势下保持平稳的增长。

后 记

为全面展示过去一年国内外消费品工业的发展态势，深入剖析影响和制约我国消费品工业发展面临的突出问题，展望未来一年的发展形势，我们组织编写了《2020—2021年中国消费品工业发展蓝皮书》。

本书由刘文强担任主编，代晓霞、李博洋负责书稿的组织编写工作。在本书的编写过程中，得到了消费品工业司高延敏司长等诸位领导的悉心指导和无私帮助，在此表示诚挚的谢意。

本书是目前国内唯一聚焦消费品工业的蓝皮书，我们希望通过此书的出版，能为消费品工业的行业管理提供一定的指导和借鉴。由于我们的研究水平，加之时间仓促，书中一定存在不少疏漏和讹谬之处，恳请各位专家和读者批评指正。

中国电子信息产业发展研究院
消费品工业研究所

赛迪智库
面向政府 服务决策

思想，还是思想
才使我们与众不同

《赛迪专报》	《安全产业研究》	《产业政策研究》
《赛迪前瞻》	《工业经济研究》	《军民结合研究》
《赛迪智库·案例》	《财经研究》	《工业和信息化研究》
《赛迪智库·数据》	《信息化与软件产业研究》	《科技与标准研究》
《赛迪智库·软科学》	《电子信息研究》	《无线电管理研究》
《赛迪译丛》	《网络安全研究》	《节能与环保研究》
《工业新词话》	《材料工业研究》	《世界工业研究》
《政策法规研究》	《消费品工业"三品"战略专刊》	《中小企业研究》
		《集成电路研究》

通信地址：北京市海淀区万寿路27号院8号楼12层
邮政编码：100846
联 系 人：王 乐
联系电话：010-68200552 13701083941
传 真：010-68209616
网 址：www.ccidwise.com
电子邮件：wangle@ccidgroup.com

赛迪智库
面向政府 服务决策

研究，还是研究
才使我们见微知著

规划研究所	知识产权研究所	安全产业研究所
工业经济研究所	世界工业研究所	网络安全研究所
电子信息研究所	无线电管理研究所	中小企业研究所
集成电路研究所	信息化与软件产业研究所	节能与环保研究所
产业政策研究所	军民融合研究所	材料工业研究所
科技与标准研究所	政策法规研究所	消费品工业研究所

通信地址：北京市海淀区万寿路27号院8号楼12层
邮政编码：100846
联 系 人：王 乐
联系电话：010-68200552　13701083941
传　　真：010-68209616
网　　址：www.ccidwise.com
电子邮件：wangle@ccidgroup.com